敦煌語言文獻研究
下冊

黃　征　著

目次

下冊

《王梵志詩校輯》商補

張錫厚《王梵志詩校輯》一書，蒐羅頗廣，資料甚富，為深入研究王梵志詩提供方便不少。然王梵志詩校釋難度較大，加之張書條例欠謹嚴，臆改臆說較多，中間雖經郭在貽、項楚、蔣紹愚等十餘家糾謬補缺，問題還是不少。下面僅就筆者所見，條列若干事，藉與張先生商榷，並就正於大方之家。文中題號悉依《校輯》之舊，凡張氏之說皆稱「校記」，拙見則標以「征按」，以示區別。

《敦煌寫本王梵志詩集原序》

無我苦空

校記：苦空：《蓮社高賢傳·慧遠法師》：「演說苦空，無常無我之音。」

征按：苦、空、無常、無我，為佛教有漏果之四相，即四種煩

惱。[1]《俱舍論》卷二六曰:「苦聖諦有四相,一非常,二苦,三空,四非我。」《觀無量壽經》:「八種清風,從光明出,鼓此樂器,演説苦、空、無常、無我之音。」其中「非常」、「非我」為「無常」、「無我」之舊譯。因此「無我苦空」及「演説苦空,無常無我之音」宜標點為「無我、苦、空」及「演説苦、空、無常、無我之音」。

成(逆子定省翻成孝)

校記:成,原作「感」,據甲二本改。

征按:原卷實作「成」,尚能識辨。

頑愚暗蠢

校記:蠢,原作「惷」,據甲二本改。

征按:原卷實作「惷」,愚也。

回乾就濕(欲似養兒氈,回乾且就濕)

校記:回乾就濕,比喻去生就死。

征按:「回乾就濕」之喻意乃在「人生短暫」。「本是長眠鬼,暫來地上立。欲似養兒氈,回乾且就濕。」「回乾」兩句為「暫來」兩句之補充,意謂:人在地上站立時極短,一似養兒之氈,乾時少濕時多,方才為乾轉瞬即濕。周一良先生謂:「梵志這裏所説的乾,是指長眠所在的地下,『濕』則指暫時生活的地上亦即人間。」[2]此説似過迂曲。「張口哭他屍,不知身去急」、「前死深埋却,後死續即入」,集中

1 　詳《佛學大辭典》「有漏果報」條。
2 　載《北京大學學報》1984年第4期,題為《王梵志詩的幾條補註》。

詠生死無常之作，十有七八，此詩似亦當作如是觀。

《家口總死盡》（003）

衰（吾死無親衰）

校記：衰，原作「表」，不叶，據文義改。

征按：「表」字戴密微[3]及郭在貽[4]皆校為「衰」，是。《三國志》標點本1115頁：「況今奸宄競逐，豺狼滿道，乃欲衰親戚，顧禮制，……」「衰」作動詞，義與此同。

錢財鄰保出

征按：錢財，甲三本（S.5474）作「錢遣」，《校輯》失校。

《身如圈裏羊》（004）

命報恰相當

校記：恰，原作「憐」，據甲三本改。

征按：敦煌俗書「恰」多作「怜」，非異文。

則役不如羊

校記：則役，甲三本作「刑役」。這句謂赤體從役不如羊，因羊身

3　戴密微（Paul Dcmiéville）為法國漢學家，已故。撰有《王梵志詩與〈太公家教〉》（以下簡稱《王梵志詩》）一書，1982年巴黎法文原版，國內尚無譯本。該書對梵志詩、《太公家教》全部作了校、注、譯，並附錄不少資料。該書雖早於《校輯》，而不少方面實勝於張書。下引戴說皆出此。

4　郭在貽師近有《王梵志詩匯校》約五萬餘字，吸收國內外十餘家校勘成果。郭著有油印本，為「中國訓詁學研究會」1987年年會論文。以下簡稱《匯校》。

有皮毛。

　　征按：「役」原卷（S.778）實作「叚」甲三本（《校輯》5474）作「叚」乃「段」之俗字（《變文集》21頁：「即捉劍斬昭王，作其百段。」原卷「段」作「叚」），張氏誤識。項楚謂「則役」當作「形段」（見《匡補》），極是。然此詩喻意尚有待探討。《抱朴子內篇・勤求》：「里語有之：人在世間，日失一日，如牽羊以詣屠所，每進一步，而去死轉近。」梵志詩：「羊即披毛走，人著好衣裳。脱衣赤體立，形段不如羊。羊即日日死，人還日日亡。從頭捉將去，還同肥好羊。」此蓋以「里語」入詩，喻人生之短暫。《校輯》謂此句「謂赤體從役不如羊，因羊身有皮毛」，則是根本脱離全詩意思的臆説。

羊即辛苦死

　　校記：羊，原作「人」，據甲三本改。

　　征按：「人」是重文號「〈」之誤識，蓋上句「還同肥好羊」末字為「羊」也。

《大有愚癡君》（007）

養奴多養婢

　　校記：養婢，原本模糊難辨，據甲三本補。

　　征按：原本及甲四本皆作「养婵」並不模糊。「婵」即「婢」之俗字，習見於敦煌卷子。

《沉淪三惡道之一》（008）

征按：此詩原接《獨自心中驟》（015）之後，二首無論是形式還是內容，都應合併為一詩。

《沉淪三惡道之二》（009）

征按：此詩應稱《沉淪三惡道》，說詳上。又項楚《〈王梵志詩校輯〉匡補》[5]謂此首與下一首《撩亂失精神》應合併為一，極是。

負時（負時愚癡鬼）

校記：時，原作「持」，據甲四本改。

征按：原作「持」不誤，負、持二字可看作同義連文。又按郭在貽《匯校》：「松尾良樹謂甲四本作特，《校輯》誤讀為時。負特乃唐人常語。」然郭師所引《李陵變文》「負特壯心，乖違本願」、「負特皇天孤傅（負）土」二例，「負特」皆當作辜負解，於王梵志詩未合；《遊仙窟》「只可倡佯一生意，何須負持百年身」一例，字作負持而不作負特，究作何者為是，作何解釋，尚待再考。

搨（□□把刀搨）

征按：「搨」字為「拓」之異體，古屬入聲，音、義於原詩皆不合。原詩以鬼、使、水、起、死等字入韻，並皆上聲，決無與入聲

5　項楚《〈王梵志詩校輯〉匡補》分為兩篇，名稱全同，一載《中華文史論叢》1985年第4輯，一載《敦煌研究》1985年第2期。為免煩瑣，兩篇同簡稱為《匡補》，不再區別。下引項說皆出此。

「搊」字通押之理。今檢原卷膠卷（S.778），所謂「搊」者，實作「椶」，戴密微《王梵志詩》録作「掇」，甚是。又此字甲四本（S.1399）亦作「掇」。張氏不出校記而妄改，誤人不淺。今按「掇」與「剟」通用。《集韻》上聲止部，「剟，測記切。《博雅》：『割也。』或作劃、剺」。「測記切」上聲「此（Cǐ）正與起、死等字同韻同調；「割也」正與「把刀」相應。又权刀剟，怡然理順。「掇」可通剟、綴、惙、裰等字，故掇可訓刺。《史記 · 張耳陳余列傳》：「吏治榜笞數千，刺剟，身無可擊者，終不復言。」《索隱》：「掇亦刺也。」按：此條有兩種可能，一是正文作「刺掇」，故注謂「掇亦刺也」；一是注文本當作「剟同掇，掇亦刺也」，為後世所刪。又如《孫臏兵法 · 十陣》：「數陣者，為不可掇。」又：「然則數不可掇也。」原注[6]曰：「掇（duō 多），疑借為剟（duō 多），割取。」注者不知掇、剟通用，故而疑為借字。又如隋巢元方《諸病源候論》「風病諸候」「中風候」條：「其人當妄掇空指地，或自拈衣尋縫。」南京中醫學院《諸病源候論校釋》[7]註：「掇，拾取。」天空如何「拾取」？蓋亦不知「掇」有戳、刺之義也。

《夫婦相對坐》（011）

衣幞（無心開衣幞）

校記：衣幞，原作「衣眼」，出韻，據文義改。

征按：「衣眼」《王梵志詩》校作「衣服」，甚是。眼、服形近易誤，變文中不乏其例。如《敦煌變文集》182 頁：「賤奴身雖居下賤，

6　銀雀山漢墓竹簡本《孫臏兵法》，文物出版社 1975 年版。

7　人民衛生出版社 1980 年版。

佛法薄會些些，緇眠不同，法應無二。」「眠」顯係「服」之誤。《校輯》
改為「衣幞」，幞當是袱之借，袱、服同音。又按：檢原卷膠卷，「眠」
實作「服」，實即服之俗字。

《獨自心中驟》（015）

十道稅（向前十道稅）

　　校記：稅，原作「挩」，據文義改。

　　征按：原作「挩」字不誤。《說文》：「挩，木杖也。」段玉裁註：
「《穀梁傳・宣十八年》曰：『邾人戕繒子於繒。戕猶殘也，挩殺也。
挩殺謂杖殺之。』今本註疏釋文皆訛從手，而唐石經初從木作『挩』，
後改從手，唐玄度之紕繆也。」可見唐代挩、挩通用。又《廣雅》：
「挩，杖也。」《急就篇》：「鐵錘、椎、杖、挩、柲、柭。」鐵錘與挩
並舉，正與梵志詩「向前十道挩，背後鐵鎚鎚」相合。顏師古注《急
就章》：「挩，小棓也。今俗呼為袖挩，言可藏於懷袖之中也。」既是
俗呼，則民間應有此物，有此名矣。「挩」作動詞，與「棒脊」之「棒」
同。「十道挩」蔣紹愚謂「以十道繩索牽挽，原本不誤。」「『挩』為
『挽』之俗寫。」[8]其實「十道」未必是指繩索，「道」可作普通量詞。
如《敦煌變文集》725頁有「銅鳥萬道望心攬，鐵汁千回頂上澆」句，
「萬道」對「千回」，「道」即「回」也。故「十道挩」可解為「多次棒
打」。「向前十道挩，背後鐵鎚鎚。伺命張弓射，苦痛劇刀錐。」此四
句分寫「四面被兵圍」後之遭遇，前、後挨打，挩、錘、弓、刀齊下，
頗有次第。

8　見《北京大學學報》1985年第5期《〈王梵志詩校輯〉商榷》。下簡稱《商榷》。

《旁看數個大》（017）

　　征按：「旁看數個大，憨癡造宅舍。擬作萬年期，人人歲有一。縱令七十稀，少小撩亂死。亦有初生期却半，欲似流星光暫時。」此詩係根據各殘卷綴合而成，漏略甚多，斷句大誤，義不可通。戴密微《王梵志詩》校為：「旁看數個大憨癡，造宅舍擬作萬年期。人人百歲乃有一，縱令長七十少稀。□□□□期却半，欲似流星光暫時。」又：「中途少小撩亂死，亦有初生嬰孩兒。無問男夫及女婦，不得驚忙審三思。」[9]檢原卷對照，戴校大抵可從。「造宅舍」句應衍一字，「縱令」句有所顛倒，缺文尚可擬補。今重校於下：

　　旁看數個大憨癡，造宅擬作萬年期。

　　人人百歲乃有一，縱今七十長少稀。

　　〔忽焉五十〕期却半，欲似流星光暫時。

　　中途少小撩亂死，亦有初生嬰孩兒。

　　無問男夫及女婦，不得驚忙審三思。

數個大（旁看數個大憨癡）

　　校記：數個大：數個人的俗稱。

　　征按：「大」為副詞，義為「太」、「極」。張氏將七言詩當作五言詩斷句，從而臆測「數個大」為「數個人」之義。又項楚《匡補》謂「大」應作「人」，俗書「人」有寫如「入」者，有寫如「之」者，此首則寫如「大」。按項說亦誤，未能擺脫張氏斷句之影響也。

9　原書72頁13A下註：「以 S.778 為底本。」又用 S.1399 參校。

期却半

校記：期却：期望。却：語助詞。

征按：「期却半」義為「大限已過半百」。「期」即期限，指人受之於天的壽數，滿為一百。《內經・素問》第一篇《上古天真論》：「余聞上古之人，春秋皆度百歲，而動作不衰。今時之人，年半百而動作皆衰者，時世異耶？人將失之耶？」「春秋皆度百歲」即盡天年之意。「却」為動詞，義為「去」、「過」。白居易《自誨》[10]：「人生百歲七十稀，設使與汝七十期，汝今年已四十四，却後二十六年能幾時？汝不思二十五六年來事，疾速倏忽如一寐？」「期」即壽期，「却後」即「過後」、「去後」。「却」的此義是從「退却」引申而來的。故「期却」非一詞，「却」亦非語助詞。蔣紹愚《商榷》：「此處『却半』為一個詞，即『一半』之義。」其說亦非。又信應舉《〈王梵志詩校輯〉注商榷》[11]「却」條：「『期却半』即『期即半』，這句話的意思是：人生短促，有生下來很短時間就死去的，所以說初生，也就是剛生下，就等於一生的壽期就過了一半。」按應氏釋「期」是，釋「即」亦有據，然據誤本立說，未免牽強。

人人□乃（人人百歲乃有一）

征按：此句疑當作「人生百歲萬有一」。「人生百歲」一語常見，如《變文集》667頁：「人生百歲尋常道，阿那個得七十身不妖（夭）？」又600頁：「百歲人生如夢寐。」皆是。「乃有一」，敦煌卷子中「萬」字大抵皆簡體，本卷「万年期」之「万」即是。「万」、「乃」

---

10 顧學頡點校本《白居易集》卷三九，中華書局1979年版，第885頁。

11 載《中國語文》1986年第1期。

形似易訛。「万有一」式的説法亦時時可見，如《抱扑子內篇·勤求》：「……況於全百年者，萬未有一乎？」《白居易集》卷十《對酒》：「人生一百歲，通計三万日。何況百歲人，人間百無一。」《變文集》180頁：「再得人身，万中希一。」

此詩旨在慨嘆人生無常，或初生即死，或中途（初生至半百）死，或半百死，至七十則已稀少，百歲更是萬中有一。故「□□□□期却半」可補「忽焉五十」四字。

《日日造罪不知足》（018）

征按：此詩前四句應併入017首，已見上。後面殘佚部分戴密微《王梵志詩》據 S.778、S.1399 校錄較佳，今移錄於下：

年年相續罪根重，月月增長肉身肥。

日日造罪不知足，恰似獨養神豬兒。

不能透圈四方走，還須圈裏待死時。

又：

自造惡業還自受，如今苦痛還自知。

各各保愛膿血袋，一聚白骨帶頑皮。

學他造罪身自悮，羨□□福是點兒。

今身不形不修福，口至寶山空手歸。

神豬兒（恰似獨養神豬兒）

征按：「獨養」即「特養」，「別養」；「神豬兒」應是供祭祀用的，配享於神的豬。「獨養神豬兒」義為「養得特別肥的用於祭神的豬」。

透圈（不能透圈四方走）

征按：「透」有「跳」義，説詳蔣禮鴻《懷任齋文集》[12] 64 頁。「透圈」即跳出豬圈（juàn）。

羨□□福（羨□□福是點兒）

征按：缺字當是「他修」。「他」據上句「學他造罪」補，「修」據下句「今身不形（行？）不修福」補。

□至（□至室山空手歸）

征按：缺字可補「雖」，即使也。

《觀內有婦人》（022）

王役（眷屬王役苦）

校記：王役，原作「王□」，乙二本作「王侵」據文義改。

征按：乙二本作「王侵」者是，張氏妄改。「王侵」為佛教用語，佛經中時有可見。如《大藏經·妙法聖念處經第六》：「快樂受盡，老死王侵。」王梵志詩中亦尚有一例，《人生一代間》（031）：「王役逼驅驅，走多換行少。」「王役」乙二本（S.5441）作「王侵」，《校輯》失校。按「王侵」為「死王侵」之省，如上舉《妙法聖念處經》第八：「離繫出世者，非彼死王侵。」該經「死王侵」一語屢見，而無一作「死王役」的。「死王侵」一語又見於《變文集·歡喜國王緣》（776 頁）：「欲求神妙藥，免被死王侵。」啟功「校記」：「『亡』，原卷作『王』。」此

蓋不知「死王侵」之義而改也。又《無常經講經文》（662頁）：「死王
（亡）忽爾到來，前路有何次第，閻王問你之時，看甚言詞祗備。」
「王」亦非「亡」字之誤。按「死王」《佛學大辭典》釋為閻王，因其
司人死命而名也。然據以上數例，死王似亦指閻王所遣之伺命（專取
人命）。「侵」字本義為「漸進」，表示一種持續發展的動作，在此似應
訓為「逼近」、「煎迫」。人至臨死時，伺命便漸漸逼近，來勾索、追捉
其靈魂，一直押到閻王面前，聽從判罪。只有人在世時修善修福才能
上天堂而免被死王勾索。因此「眷屬王侵苦」即指眷屬將老死；「王侵
逼驅驅」即指死王一日日逼近；「免被死王侵」即指免被死王勾去；「死
王忽爾到來」即指伺命鬼來追捉；「快樂受盡，老死王侵」謂在世只知
享樂，不知修善，老死便被死王勾去；「離繫出世者，非彼死王侵」謂
「是出離世俗上天之人，而不是被死王勾去者」。

《生即巧風吹》（025）

生人悲（只見生人悲）

征按：「只見生人悲，不聞鬼唱禍」，此二句對偶，應作「只見人
生悲，不聞鬼唱禍」，生對唱，「生悲」即發悲嘆。

《佐使非臺補》（026）

謹當（童兒更謹當）

征按：謹，原本（P.3211）實作「護」，應即「護」字，張氏誤讀。
「護當」即庇護，「當」為語助詞，去聲。

險語 觇（險語惟須觇）

校記：觇，原作胱，乙二本作「就」。「胱」、「就」皆不可解，且與上句「出帖付里正」之「正」字不叶韻，疑為「觇」字之訛。《集韻·頸韻》：「觇，丑正切，廉視也。」言險惡言語必須追查也。

征按：此説胱。「胱」應胱為「眈」，敦煌卷子月旁與日旁通用；「就」乙二本實作「既」，應即「眈」字之訛。眈、眺為異體字（即「晃」字，胡廣反）見於《龍龕手鏡》光部。又按眈、眺皆為「揾（又作擴、攛，音義同）」之同音替代字，音皆「胡廣切」或「胡曠切」。「揾（擴）」又為「捶打」。《集韻》：攛，攛揾，擊也。」「險語惟須揾」即以「攛揾」之險言相恐嚇也。「險言」非《校輯》所理解之險言惡語，乃是佐史所發之恐嚇語。韓愈《醉贈張秘書詩》[13]有「險語破鬼膽」之句，「險語」即驚人之語。項楚《匡補》謂「胱」同「洸」，為發怒之義。「險語惟須胱」者，謂大耍威風，以『險語』加以怒斥也。」按「險語惟須怒」義不可通，「怒」為形容詞，用於此處不符語法，且「怒」字亦不可增字釋為「怒斥」，故項説未安。以險語恐嚇取財，據《唐律》已構成恐嚇罪。

《前人心裏怯》（027）

紙筆 鬼（紙筆鬼續到）

校記：鬼，乙二本作「見」。紙筆：指字據。

征按：「鬼續到」不可解，「鬼」當是「見」字之形訛。「見續到」即「馬上就到」。「紙筆」，有「字據」義，説見蔣禮鴻《敦煌變文字義

13　中華點校本《全唐詩》第十冊，3774頁。

通釋》。然「紙筆」一詞實有多種含義，大凡有字之紙皆可稱「紙筆」，故此例未必是字據義。如《朱子語類‧鬼神》：「鄭說：『有人瘧寐間見鬼通刺甚驗者。』曰：『如此，則是不有不無底紙筆。』」此「紙筆」即指名片。王梵志詩「紙筆見續到，仍送一縑箱」，此「紙筆」蓋為「紙筆費」之省。《吐魯番出土文書》第六冊 68 頁即有「紙筆價」一詞。蓋前言「出帖付里正」（026 首應併入 027 首，說詳項楚《匡補》），此言「紙筆見續到」，「紙筆」應即「酬勞」佐史寫帖（紙筆）之錢，略似於今之「手續費」。「紙筆」有時又可省作「紙」，意思仍是「錢」：「村頭語戶主，鄉頭無處得。在縣用錢多，從吾相便貸。我命自貧窮，獨辦不可得。合村看我面，此度必須得。候衙空手去，定是搦你勒。」（030）「錢」字《校輯》校記曰：「諸本作『紙』，據文義改。」趙和平、鄧文寬《敦煌寫本王梵志詩校注》[14]曰：《掇瑣》與 S.5441 均作『紙』，疑為『錢』字形近之誤。」按「錢」、「紙」二字雖有相誤可能，但諸本皆誤則可能性不大。「在縣用紙多」蓋言縣裏文案多，而辦案須用錢也。無非借此敲詐勒索罷了。

縑箱（仍送一縑箱）

校記：縑箱，原作「偏想」，據乙二本改。一縑箱：猶云一箱縑。這句謂行賄。

征按：趙和平、鄧文寬謂「該句似應釋為『仍送一箱縑』方可解。」說與張氏同。按查原卷膠卷，所謂原作「偏想」者，實作「縑想」，「縑」字無異文。「想」、「箱」皆是「緗」之通借字。《變文集》124 頁《張淮深變文》：「今生豈料親臨問，特降天官出九重，錫賚縑

14　載《北京大學學報》1980 年第 5 期。

緗難捧授，百生銘骨誓輸忠！」「縑緗」為詞，泛指絲織品。「一縑緗」義為一匹縑緗，量詞可省，此古文通例。「紙筆見續到」謂以錢賄賂，「仍送一縑緗」謂送錢之外，更送一匹縑緗，錢、物具備，故下句云：「錢多早發遣，物少被頡頏。」有人會問：「以一箱縑行賄還差不多，一匹縑不是太少了嗎？」按《唐律疏義》卷十一第138條：「諸監臨主司受財而枉法者，一尺杖一百，一匹加一等，十五匹絞。」長孫無忌疏：「議曰：『監臨主司』，謂統攝案驗及行案主典之類。受有事人財而為曲法處斷者，一尺杖一百，一匹加一等，十五匹絞。」[15] 由此可見佐史受一匹縑已構成犯罪。又《唐律疏義》卷二「除名」條（48頁）：「即監臨主守，於所監守內犯奸、盜、略人，若受財而枉法者，亦除名。」原文下有小字註：「盜及枉法，謂贓一匹者。」此與王梵志末句「解卸除却名，揩赤將頭放」（依項楚校）正好相合。又前句「火急捉將來，險語惟須提」，據《唐律疏議》卷十九第285條（360頁）：「諸恐喝取人財物者（原註：口恐喝亦是），准盜論加一等；雖不足畏忌，財主懼而自與，亦同。」則佐史業已犯罪，二罪並罰，除名宜矣。

縣局　南衙　點（縣局南衙點）

校記：局，原作「㝏」，據文義改。

征按：「局」原卷實作「㝏」，S.5441作「㝏」，皆即「局」之俗字，不必改。項楚校「㝏」為「局」，甚是。㝏與局敦煌卷子中時常混用。然項楚釋為「局」為宴席之義，則於此處未當。「局」即曹局，「縣局」即縣曹。南衙本是宰相府之代稱，推而廣之，縣官聽政之處亦可稱南衙。「點」是檢點、點名之義。《唐律疏義》卷九第94條（185頁）：「諸

15　中華書局1983年版220頁。

在官應直不直，應宿不宿，各笞二十；通晝夜者，笞三十。若點不到
者，一點笞十（一日之點，限取二點為坐）。」長孫無忌等疏：「議曰：
內外官司應點檢者，或數度頻點，點即不到者，一點笞十。」由於點名
是在南衙縣令聽政廳進行的，所以說「縣局南衙點」。又按此詩內容實
為描寫佐史的：每日數次受點名，飲食則是「眾廚餐（大鍋飯）」；文
簿交給鄉頭執掌，其他交給雜任辦理（「文簿鄉頭執，餘者配雜看」）；
雖為官而無官品，專靠筆頭算計人（「職事無祿料，專仰筆頭鑽」）。
據《舊唐書》等可知，縣裏簿尉為最低一級官品（從九品），佐史雖是
官而無官品。至於鄉頭、里正，在唐代是不能稱「官」的。因此「當
鄉何物貴？不過五里官」中「五里官」被說成是「鄉頭」是靠不住的。
此詩可與《佐史非臺補》互參。

《村頭語戶主》（030）

錢（在縣用錢多）

　　征按：「錢」當作「紙」，說見 027 首「紙筆」條。

候衙（候衙空手去）

　　校記：候，原作「後」，音同致訛。候衙：指參衙見官。敦煌寫本
《搜神記》：「即將後（候）衙，向我前來。」與此同例。

　　征按：兩例「後衙」似皆不誤。南衙、北衙、南司、南省，皆以
方位稱，「後衙」亦當如此。《吐魯番出土文書》第六冊 572 頁即有「里
正後衙到」一語。

搦勒（定是搦你勒）

　　校記：搦，原作「搦」乙二本作「獨」據文義改。搦你勒：民間

口語，謂捕捉你去。勒，語助詞。

　　征按：乙二本實亦作「搨」張氏誤讀。《龍龕手鏡》手部人聲：「搨，俗；搨，正。」可知搨即搨之俗字。「搨勒」應是一詞，疑與「把勒」同義。敦煌寫卷 P.3975：「其僧保口到處，州、鎮、縣管不許把勒，容許過去者。己未年八月廿八。」「把勒」義為阻攔、扣留。

《受報人中坐》（032）

坐（受報人中坐）

　　征按：「坐」字原卷實作「生」，張氏誤錄。

《聞道須鬼兵》（046）

光陌（前踏後光陌）

　　征按：「光」應作「垙」。《龍龕手鏡》：「垙，音光。垙，陌也《集韻》：「垙，陌也。」《廣韻》：「垙，垙陌。」可見「垙陌」為詞。

《天下惡官職之一》（048）

攘攘（攘攘滿街行）

　　校記：攘攘，原本殘闕，乙三本作「嬢嬢」，據文義改。

　　征按：原本「攘攘」實作「壤壤」，並不殘，亦不必改。趙和平、鄧文寬謂「原字左半今殘」，蓋不知「壤壤」之不誤也。

《分毫擘眼爭》（052）

兒（□□□□兒）

　　征按：原卷無缺字及「兒」，「分毫擘眼爭」緊接前一首。

《奴人賜酒食》（056）

鞭恥（誰肯被鞭恥）

　　校記：鞭恥：猶謂鞭打。

　　征按：「鞭恥」一詞敦煌文獻中常見，蔣禮鴻《敦煌變文字義通釋・待質錄》「邊恥、鞭恥」條：……曾毅公疑『恥』當作『笞』或作『叱』。……究竟這兩個字應該怎樣寫才算本字，現在還不能確定。」考《唐律疏議》卷一「笞刑」條疏：「笞者，擊也，又訓為恥。言人有小愆，法須懲誡，故加捶撻以恥之。」據此，「笞」有「恥」義，「鞭恥」本義應即「鞭笞」。

《狼多羊數少》（057）

　　征按：首聯「狼多羊數少，莫畜惡兒子」應屬前一首，否則不押韻。

《身如大店家》（059）

荒丘（吾宅在荒丘）

　　校記：荒丘，原作「丘荒」，據文義改。

征按：「丘荒」為並列式合成詞，不必改。

《來如塵暫起》（077）

急匆匆（變見急匆匆）

　　征按：查原卷膠卷，「急」實作「極」，張氏臆改而未出校記「極匆匆」不誤。

杳冥（還湊入杳冥）

　　征按：查原卷「杳冥」實作「冥空」，張氏亦臆改而未出校記「冥空」不誤。

《近逢窮業至》（079）

安居（到處即安居）

　　校記：安居，原作「女君」，據文義改。

　　征按：查原卷實作「女君」，即「安居」的手頭俗字和誤字（居、君常通用）。項楚、戴密微均校作「汝居」，非是。

《一身無本利》（081）

本利（一身無本利）

　　征按：「利」查原膠卷實作「別」，既非誤字，亦非俗字，只是寫得不聯貫而已。

《但看蛾作卵》（087）

蛾作卵（但看蛾作卵）

校記：蛾作卵，原作「蛾作蛾」，據文義改。

征按：「蛾作蛾」不誤。「但看蛾作蛾，不憶蠶生箔。但看睡寐時，還將夢為樂。蛾既不羨蠶，夢亦不為樂。當作如是觀，死生無好惡。」細味全詩，「蛾作蛾」即指蛾不羨蠶，「不憶」即不羨慕。

《黃母化為鱉》（087）

一變化（死生一變化）

征按：查原卷「一」實作「三」，《校輯》擅改。「三變化」即多變、數化。屈原《離騷》有「傷靈修之數化」句。

《無常元不避》（095）

坑（俱墳一丈坑）

校記：坑，原作「筑」，據文義改。

征按：原卷實作「坑」，即坑之俗字。

迎（鬼子唱歌迎）

校記：迎，原作「違」，據文義改。

征按：原卷實作「迎」，即「迎」字。

《運命滿悠悠》（102）

饒　鐵甕子（饒君鐵甕子）

校記：饒，假定之詞。儘管、假使的意思。

征按：信應舉《〈王梵志詩校輯〉注商榷》謂：「『饒』這裏當作『給與』或『賜與』解。『饒君鐵甕子』即『給你一個鐵甕子』，『鐵甕子』比喻囚禁，意為一旦囚進地獄之中，就像拿鐵甕子罩著一樣，故欲走藏而不得。」此說蓋以不狂為狂矣。「饒君」、「饒你」中的「饒」，在王梵志詩及變文中作「即使」解的不勝枚舉。如王梵志111首：「饒你王侯職，饒君將相官。……口中氣撲斷，眷屬不相看。」此即「即使你有王侯職、將相官，一旦斷氣，連眷屬都不管你。」050首有「縱得公王侯，終歸不免死」句，「縱」即「饒」也。《變文集·無常經講經文》：「饒君多有駐顏方，限來也被無常取。」「饒君」後有「多有」二字，則「饒」不可能是「給予」之義。「饒君鐵甕子」與「饒君將相官」中間皆省謂語動詞。

鐵甕子即鐵鉢，今稱「鐵飯碗」。梵志詩264首：「鐵鉢淹乾飯，同夥共分諍。」065自：「生時同飯甕，死則同食瓶。」「甕」即「甕」也。「一旦罷因緣，千金須判割。饒君鐵甕子，走藏不得脫。」此謂人之生死皆命中注定，一旦死期到，縱有鐵飯碗，也難免一死，逃脫不得。

《官職亦須求》（105）

麻點孔（天雨麻點孔）

征按：原卷作「麻藍孔」《龍龕手鏡》：藍，音皆，麻杆也。」據

此應作「麻稭孔」。

參差　房席（參差著房席）

　　校記：房，原作「宕」，據文義改。著房席：俗語，指因生活困迫，無食而臥。

　　征按：此句項楚校為「參差著局席」，參差為偶然義，局席即宴席。其說極是。近見信應舉說參差為「差錯、挫折」，而「房席」為「牢房」。似此則信氏全未讀項楚之文，而仍據誤校之「房席」立義，能無郢書燕說乎？

《運用隨身縛》（107）

強（業強福不著）

　　校記：業強：強，強梁，指惡業。

　　征按：「業強」與上句「業厚」對文，則「強」應作上聲（qiǎng），義為不足、勉強。項楚疑「強」為「薄」之誤字，非是。

《兀兀身死後》（109）

竟何悲（為鬼竟何悲）

　　校記：竟何悲，原作「何悲竟」，據文義改。

　　征按：原卷詞序不誤，只是漏一「復」字。上兩句應校為「為人可必樂？為鬼復何悲？」「竟」字屬下讀。

地役張眼爭，官慢豎眉窟

校記：地役，原作「地徒」，據文義改。指地獄內役卒。「窟」，出韻，俟校。

征按：此句應校作「竟地徒張眼，爭官慢豎眉」，對偶甚見工穩，平仄亦不差錯。項楚校此句為「地口徒張眼」，可謂未達一間。「窟」字屬下讀，「竟」應作「競」，「慢」應作「漫」。

長鹿脚（裏將長鹿脚，知我是誰友）

征按：項楚《匡補》將此兩句校為「窟里長展脚，將知我是誰？」「末句『知』字上應補入上句之『將』字，『友』字衍。」按項校糾正《校輯》不少錯誤，但仍未盡善。檢原本此處實作「窟裏將長展，脚知我是誰？」「脚」乃「却」之誤字，原文並無《校輯》所錄之「友」字，張氏憑空畫一蛇足。「長展」猶謂「挺屍」，指死亡。

據上所校，全詩應為：「兀兀身死後，冥冥不可知。為人可必樂？為鬼復何悲？競地徒張眼，爭官漫豎眉。窟裏將長展，却知我是誰？」

《兒婚藉嘉偶》（114）

捉如息（但今捉如息）

校記：捉如息：義未詳，俟校。

征按：此句當作「但令足兒息」，「今」是「令」之誤，「捉」是「足」之誤。「如」通「兒」，敦煌寫卷中常見，不煩舉例。

王侯（何代無王侯）

征按：「王」原卷實作「公」，因俗字而誤識。

黃髮囚（榮官赤赫赫，滅族黃髮囚）

校記：囚：原作「人」，出韻，據文義改。

征按：查原卷，「黃髮囚」實作「黃焌く」，所謂「人」者乃重文號。「焌」字戴密微校作「焌」，近是。

《死王羨活鼠》（115）

死王羨活鼠

征按：《抱朴子・勤求》：「古人有言曰：生之於我，利亦大焉。論其貴賤，雖爵為帝王，不足以此法比焉。論其輕重，雖富有天下，不足以此術易焉。故有死王樂為生鼠之喻也。」此「死王」指帝王，非指閻王。

《思量小家婦》（117）

屈烏爵（索得屈烏爵）

校記：屈烏爵：酒杯名。

征按：項楚《匡補》引《五苦章句經》：……烏鵲狡狗，鶉鳥屈鳥，其鳥喙嘴，純是剛鐵，……」然後說：經文所謂『屈鳥』（「鳥」字或為「烏」字之訛），應該就是梵志詩的『屈烏爵（雀）』。『屈烏雀』是地獄中食人的惡鳥，梵志以喻惡婦。」按項說極是，唯「鳥」不當改作「烏」。查原卷梵志詩實作「索得屈着烏爵」，「着」旁有「卜」表廢

棄，「爵」旁有「V」表互倒，則此句應作「索得屈爵鳥」。

禁筶（家風不禁筶）

　　征按：查原卷「禁筶」實作「禁益」，而「禁」字下從「木」，當是「榮」字之訛。「榮益」指興盛。

《負恩必須酬》（123）

瓠蘆作打車，棒果作山客

　　征按：此二句原卷作「瓠蘆作打車棒，莫作一出客」，《校輯》誤錄。「蘆」字衍，「瓠」為長瓜，故謂作打車棒。然後句仍費解。

《本巡連索人》（126）

可連（覆盞可連精）

　　征按：查原卷「連」字右旁有一小字「憐」，故「可連」應作「可憐」。

《我家在河側》（127）

結隊（我家在河側，結隊守先阿）

　　校記：側，原書殘缺，據文義補。隊，原作「對」，據文義改。

　　征按：此句原作「我家在河處，結隊守先阿」，「處」字不殘。「河處」應作「何處」。又守字旁原有勾乙符號，《校輯》未察覺。「守」字疑是「宇」字形訛，「結宇」即建屋也。

《天理為百姓》（131）

征按：此首與前一首應合併。

《人生能幾時》（141）

一到（終歸有一到）

征按：項楚《匡補》及袁賓《〈王梵志詩校輯〉校釋補正》[16] 皆謂「一到」應為「一倒」，非是。梵志 110 首：「百年有一倒，自去遣誰當？」「去」字説明「倒」應作「到」。

《出門拗頭戾跨》（152）

至（合村送至曠野）

校記：至，原本模糊難辨，據文義補。

征按：乙二本「至」作「就」，《校輯》失校。

《有兒欲娶婦》（187）

不用（有女欲嫁婆，不用絕高戶）

征按：「不用」有「不可」之義，習見於魏晉南北朝文獻中，如《齊民要術》「養鵝鴨」條：「量雛欲出之時，四五日內，不用聞打鼓、紡車、大叫、豬、犬及舂聲；又不用器淋灰，不用見新婦。」隋唐時亦偶見之。

---

16 載《社會科學》（蘭州）1985 年第 6 期。

《身是五陰城》（255）

八萬戶（湛然膿血間，安置八萬戶）

校記：八萬戶：與下句「九千家」，皆喻人體的複雜結構。

征按：此說未確。「八萬戶」是「八萬戶蟲」之省，是佛經中想象的吞食人血肉的蟲，每戶中又有若干億小蟲。《大藏經·禪秘要法經》有長篇細膩之描狀。梵志詩亦非單從生理角度寫的，「攘攘相食啖，貼貼無言語」是具體寫蟲。

《吾死不須哭》（263）

□盡更須傾（時時獨飲樂，□盡更須傾）

校記：□盡，原本模糊難辨，戊二本作「沉盡」

征按：項楚謂「缺字原本作『沉』，戊二本作『沉』，似應為『瓨』字的形訛」，又引《說文》「瓨，似罌，長頸，受十升」及顏師古說「瓨音胡雙反」。按「形訛」說非是，「沉」乃「瓨」之俗字，從瓦，江聲。《集韻》：「瓨，古雙切。」又：「缸、瓨，胡江切。」兩音並存。《龍龕手鏡》：「甕：瓶，瓨之大者。」是知瓨小於瓶、甕。梵志詩：「墓內不須食，美酒三五瓶。時時獨飲樂，瓨盡更須傾」，則瓶可傾於瓨也。《洛陽伽藍記校注》[17] 147 頁：「李彪曰：『沽酒老嫗甕注瓨。』」是又知瓨（瓨）主要作飲酒器用。《變文集》288 頁：「撥掉乘船過大江，神前傾酒三五瓨。傾㑆不為諸餘事，男女相兼乞一雙。」㑆為杯之同音借字，前言傾瓨，後前傾杯，則瓨有杯義矣。又《變文集》268 頁《茶酒論》：「酒為茶曰：『三文一瓨（瓨），何年得富。』」又：茶賤三文五碗，

17　范祥雍校注，上海古籍出版社 1982 年版。

酒賤中（盅）半七文。」似此則一甆等於五碗矣。今北方方言有稱杯為缸者。

《相將歸去來》（265）

地君營（兵滅地君營）

校記：地君營，戊二本作「地居營」。

征按：「地君營」戴密微校作「他君營」，袁賓校作「敵軍營」，皆非。此當從戊二本作「地居營」，「地居」為佛教「地居天」之省。《佛學大辭典》：「地居天（界名），五類天之一，六欲天中四天王忉利天之二者，以居住於須彌山，謂之地居天。餘四天者空居天也。」此與詩中「相將歸去來，閻浮不可停」可互參，閻浮指人類居住之地。《變文集》777頁：「當日夫人聞説，即時日夜堅持，果然七日身亡，生在他居天上。」校記：「他，甲卷作地。」作「地居天」是。梵志詩蓋謂閻浮洲無法久留，相將歸於地居天也。

《一歲與百年》（267）

錢兌（錢兌即獨富）

校記：錢兌，原作「錢逸」，戊二本作「錢逸」，據文義改。

征按：《校輯》誤改。蔣紹愚謂「逸」為「遶」之誤，「遶」為「饒」之借，其説亦非。「逸」即「溢」之通假字。《變文集》268頁《茶酒論》：「……人來買之，錢財盈溢。言下便得富饒。」梵志「錢逸即獨富」謂「錢財盈溢即獨富饒」也。276首「菴羅能逸熟」，「逸」亦為「溢」之通借字。

《身體骨崖崖》（268）

舐略（舐略空唇口）

征按：項楚謂「略」當作「掠」，亦不必。隋巢元方《諸病源候論》卷一「風身體手足不隨候」條引《養生方導引法》：「以舌舐略唇口牙齒，然後咽唾，徐徐以口吐氣，鼻引氣入喉。」「舐略」即「舔」也。

《當官自慵懶》（270）

稽迍（衙日唱稽迍）

校記：稽迍，查點稽考書吏等是否到職。

征按：趙和平、鄧文寬謂稽為稽遲，迍為迍逃；蔣紹愚謂迍為迍慢之迍，與稽同義。似以趙、鄧之說較確。「稽迍」當即「稽違」之義。《唐律疏義》卷九「官人從駕稽違」條：「諸官人從駕稽違及總而先還者，笞四十，三日加一等。」「稽違」即遲到與曠職，「先還」即早退。又同卷「官人無故不上」條：「諸官人無故不上及當番不到，若因暇而違者，一日笞二十，三日加一等。」疏曰：「官人以下、雜任以上，因給暇而故違，並一日笞二十，……」「違」即曠職也。

《出家多種果》（278）

逸熟（菴羅能逸熟）

校記：逸熟，猶謂成熟。

征按：「逸」同「溢」，溢熟即熟透，長得很飽滿。參見267首「錢兌」條。

《暫時自來生》（281）

殺事（把刀被殺事）

征按：《敦煌掇瑣》「事」錄作「死」，非是。「事」即「剚」之省《集韻》：「剚，插刀也。或從金，亦書作『事』。」

《貧兒二畝地》（301）

征按：「貧兒二畝地，乾枯十樹桑。桑下種粟麥，四時供父孃。圖謀未入手，只是願飢荒。結得百家怨，此身終受殃。」此詩劉瑞明謂：「詩中『願』字費解。《校輯》註：『貧家二畝地，陶本作『買得貧家地』。』」此意可使諸多疑難迎刃而解：是富人要買窮人賴以為生的一點土地，窮人不賣，他便想乘荒年兼併土地。所以應據陶本校改原本。[18] 此說大謬。原本不煩校改，「願」字亦不費解。此首當併入前一首。前一首謂「良田收百畝，兄弟猶工商」，言其富也；「行坐聞人死，不解暫思量」，言其無憐憫之心也。故接以圖謀貧兒田地、只願飢荒之事。若已「買得貧家地」，更何須「願飢荒」？又陶本「百家怨」作「百家怒」，亦非。

本稿經郭在貽先生精心審閱，謹致謝忱！

1986 年 10 月 1 日第一稿

1987 年 5 月 27 日第二稿

（本文近三分之二曾刊於《敦煌研究》1988 年第 4 期，為作者碩士

---

18 《王梵志詩校注辨正》，載《中國語文》1985 年第 6 期。

學位論文的一部分，今據原稿全文收入）

王梵志詩校釋補議

　　王梵志詩研究已成為敦煌語言文學研究的熱點，繼法國著名漢學家戴密微的《王梵志詩附太公家教》[1]之後，緊接著是張錫厚先生的《王梵志詩校輯》[2]和一批各家討論論文；嗣後，項楚先生的《王梵志詩校

1　戴密微（Paul Dcmiévillc 1894 —1 979 年）生前非常重視敦煌俗文學作品的整理和研究，曾與香港學者饒宗頤合編《敦煌曲》（1971 年），著述宏富。他的《王梵志詩附太公家教》出版於 1982 年，巴黎法文原版，《高等中國研究所叢書》第 26 卷。此書校勘較精細，有簡注和翻譯。因項書、朱書皆已吸收其成果，故本文較少引用。

2　中華書局 1983 年出版。

注》[3]與臺灣朱鳳玉女士的《王梵志詩研究》（下）[4]又在差不多時間裏刊登和出版，他們都新增了蘇聯藏卷法忍抄本，校注的精細也大大超過了以前的兩部，這無論如何是令人矚目的。此外，業師郭在貽先生的《王梵志詩匯校》[5]亦已刊載，其中不乏精義。筆者曾撰《王梵志詩校釋商補》、《〈王梵志詩校輯〉商補》[6]二文，然皆未及項.、朱.、業師與其他晚近新出論著，今謹細閱一過，補議於此，以就正於海內外大方之家。

王梵志詩之編號，各家皆殊，難於互檢，故本文稱引王梵志詩原文及各家校說，仍按各家書之頁碼標註，以便覆核；文中多有援引《敦煌變文集》者，因此書早為大家熟悉，故只引篇名不引書名，以免繁冗，文中凡引戴密微、張錫厚、項楚、朱鳳玉之說皆簡稱「戴校」、「張校」、「項校」、「朱校」[7]，其他各家則隨文出注。

3 　《王梵志詩校注》是部書稿，全文刊於《敦煌吐魯番文獻研究論集》第四輯，北京大學出版社 1987 年出版，故本文簡稱「項書」。項書校勘精細，注解確當，發明最多。尤其是博徵釋典，兼及四部，實諸家論著所不及。本文就其尚有未盡或可疑處略抒管見。

4 　朱鳳玉女士為著名敦煌學家潘重規之弟子，其《王梵志詩研究》上冊出版於 1986 年 8 月，為緒論篇與研究篇，探討王梵志的生平及其詩的內容、詩集流傳等問題；下冊出版於 1987 年 11 月，為校注篇。皆臺灣學生書局印行。本文討論只涉及下冊。朱書所校敦煌卷子較諸書多一日本「寧樂本」，書後附印全部照片（蘇聯藏卷仍僅有書影），校勘上凡涉原卷俗字、形訛等皆採取照片影錄，故文字校勘上堪稱最精。又俗字考訂亦甚精，不輕易以「訛誤」定字。朱書註解難度、深度不及項書，但吸收了項楚先生的部分論文成果和潘重規等家的成果。

5 　刊於 1988 年浙江古籍出版社出版的《敦煌語言文學論文集》。

6 　二文分載於《杭州大學學報》1988 年第 2 期和《敦煌研究》1988 年第 4 期。

7 　項書、朱書校、注分列，今引文皆予合併而只稱「項校」或「朱校」。

王梵志之貴文，習丁、郭之要義。（朱書頁 1）

按：「貴文」戴校改作「遺文」，未確。北 7220（淡 50）卷《金剛經讚文》：「郎者是何貴語？」此句是問「郎」是怎樣的一個好語詞（唐人以「郎」為美稱），故「貴語」之義甚明。「貴文」與「貴語」中「貴」字義同。

倒拽至廳前，枷棒遍身起。（項校 160 頁）

按：項校「身起」為詞，釋為「身體」，未確。作「身體」解的「身起」只見於元曲，唐人則僅此孤證而已。至於寒山詩「三途鳥雀身，五嶽魚龍已」之例，項校認為「已」（yǐ）為「己」（jǐ）之形誤，與「身」對言，故「己」有「身」意。此亦可疑，蓋「己」只適合於自稱，「魚龍」為第三身，難以相合。今謂王梵志詩「枷棒遍身起」當讀作「枷棒一遍身一起」（即「遍身起枷棒」），「身起」非詞。「起」在此義為「飛舞」、「起落」，表示枷鎖、棍棒一時並加之意。

道人頭兀雷，倒頭肥特肚。本是俗家人，出身勝地主。（朱書 42 頁）

按：朱校以「主」與「肚」押韻，誤。此四句與下文意義相貫通，難以獨立，而下文以「出」、「佛」、「物」、「忽」等入聲字為韻，根據王梵志詩一韻到底的通例來看，這種校理法是不當的。「勝地主」P.3211、S.5441 實皆作「勝地立」，項楚謂「勝地」為詞，即優越地位之意，甚是。「立」與下文各韻字可押韻。又「肥特肚」當乙為「肚肥特」，「特」字為韻腳。「肥特」為詞。項校曰：「肥特肚：形容大腹便便。《說文》：『特，特牛也。』《法句譬喻經》三《廣衍品》：『人之無聞，老如特牛，但長肥肌，無有智慧。』即以『特牛』比喻肥胖無知。」未確，「特牛」為公牛，不作「肥牛」解。今謂「特」乃「腯」（又寫

作「腞」之借音字，《説文》：腯，牛羊曰肥，豕曰腯。從月，盾聲。」
段註：「按人曰肥，獸曰腯，此人、物之大辨也。又析言之，則牛羊得
稱肥，豕獨稱腯。……郭注《方言》曰：『腯腯，肥充也。音突，亦作
脟。……《左傳》：奉牲以告曰：『博碩肥腯。』……」又《集韻》：「腯、
胰：説文』：『牛羊曰肥，豕曰腯。』或從突。」音「他骨切」。又「腯、
脟：肥也。或作脟。」音「陀沒切」可見「腯」（或作「腞」「脟」）與
「特」音近，與「肥」可同義連文。又「例頭肥特肚」中「例頭」，項
校曰：「形容肥頭胖腦。272 首戊二本亦云：『例頭肥沒忽，直似飽糠
豚。』」今謂二例中「例頭」一詞皆不當作「肥頭」解，「例」即常例、
通例之「例」，「頭」為詞綴，「例頭」即「常例、常常」之意。「例頭」
別本又有作「別頭」、「到頭」者，皆當為形誤。「頭」作詞綴為俗語詞
中常見者，如王梵志詩「長頭草裏蹲」，「長頭」即常常之意。

不採生緣瘦，唯願當身肥。（朱書 45 頁）

　　按：朱校曰：「生緣瘦：生緣，生存的因緣。瑩山清規《上月中行
事》：『生緣既盡，大命俄落。』瘦：消減。生緣瘦：生存的因緣消減。」
此説未確，「生緣」或指出生地、家鄉，或指生身父母，此處為後者。
詩中言：「常住無貯積，家人受寒飢。」可證「生緣瘦」即「家人受寒
飢」。

吾家多有田，不若廣平玉。（朱書 33 頁）

　　按：「玉」字原作「王」，朱校改字未當。疑「王」為「立」之形
誤，而「廣平」指寬廣平坦的勝地。王梵志另有詩曰：「本是俗家人，
出身勝地立」，「廣平立」似即「勝地立」之意。「立」與下文「益」、
「喫」、「迹」、「覓」可押韻。又項楚疑「廣平」為牽合地獄十王中秦

廣王、平等王之名而成，亦未有確證。此二句蓋謂吾家雖有許多田畝，但仍不若出家修行、立於勝地。

只見生人悲，不聞鬼唱調。（朱書 48 頁）

按：「生人」當乙作「人生」，「人生悲」猶「人興悲」，與「鬼唱禍」儷偶。

食即眾廚餐，童兒更護當。（朱書 49 頁）

按：『護（护）當』P.3211、5441 皆同，張校、項校皆錄作「謹當」，項校且謂「謹」同「歡」，「歡當」義為歡樂，未確。「童兒更護當」是說童兒更被庇護，用主動句式表示被動意義。

紙筆見續到，仍送一縑箱。（朱書 49 頁）

按：朱校謂「紙筆」指紙筆錢，為辦公費的代語；項校謂「紙筆」指字據，由於字據為錢財的憑據，又引申而指錢財。拙校（見《〈王梵志詩校輯〉商補》）曾謂「『紙筆』應即酬勞佐史寫帖（紙筆）之錢。略似於今之手續費」，與朱校近而稍異。今略作補證：P.3908《新集周公解夢書一卷》：「夢見紙筆者訴訟，夢見大書者有喜慶。」此例「紙筆」即特指追捉、傳喚犯人之傳帖，故王梵志詩中有「有事檢案追，出帖付里正」之句。又《吐魯番出土文書》第六冊第 68 頁有「紙筆價」一語，可證官府用紙用筆是要算價錢的。又 P.4640 背面文書：「（紙）破用數：（己未年）四月三日支與靴匠安阿丹助葬細紙壹帖。十四日衙官張君子傳處分，樓上納細紙壹帖；又支與羅么令粗紙壹帖；又城東賽神用畫紙參拾張。六日衙官陰再盈傳處分，樓上納細紙壹帖。九日賽青曲神用錢財紙壹帖。……」這份歸義軍時期的紙破用曆說明當時官

府用紙的制度，其中「壹帖」與「壹張」區別使用，可知「壹帖」是一小張，吏人用來寫傳帖之類用的。「錢財紙」是用來作紙錢用的紙。又「紙筆見續到」，項校謂「見」同「現」，未確。

愚者守直坐，點者駛駛看。（項書 214 頁）

按：項校謂「守直」義為「固定正直之道」，未合文義。「直」為值日之意，如《吐魯番出土文書》第六冊第 572 頁有「唐西州高昌縣諸鄉里正上直暨不到人名籍」，即是當時鄉政府值日（上直，又稱上番）的點名記錄。「愚者守直坐」即指老實人規規矩矩地坐著值日，「點者駛駛看」即指滑頭者時時刻刻想尋機溜走。

在縣用錢多，從吾相便貸。（項書 217 頁）

按：項校曰：「『錢』原作『紙』，從《校輯》所改。」朱校曰：「各本均作『紙』。」今謂「紙」字不誤，「在縣用紙多」言縣府中辦案用紙多，而用紙需錢，故縣吏藉此敲詐勒索。參閱前文「紙筆見續到」條引例。

候衙空手去，定是搨你勒。（朱書 57 頁）

按：朱校曰：後，張校作『候』注云：『候，原（P.3211）作後，音同致訛。』按：『後』、『候』音同，寫卷多通，如《搜神記》：『即將候衙，向我前來。』『候』原卷即作『後』」項校同。今謂「後衙」P.3211與 S.5411 皆同）不誤，為衙府的一部分，與常言的「北衙」、「南衙」皆以方位稱，並非如各家所釋為「參衙見官」之意。除上二例外，《吐魯番出土文書》第六冊第 572 頁則有「里正後衙到」一語，亦用「後衙」而不作「候衙」。此例「後」字若校作「候」，釋為「參見」，則「後

衙到」義不可通。

人生一代間，貧富不覺老。（朱書 58 頁）

按：「代」字張校謂 P.3211 原形作「伐」；朱校謂作「伐」，為「代」之俗字；項校謂原作「伐」，蓋筆誤也。今核膠卷實作「伐」，S.5441作「代」，皆「代」之俗字。敦煌寫本「代」皆作上二形，尤以「伐」為主，與「討伐」之「伐（fá）」字形無異，須審文義而後定。

他家馬上坐，我身步擎草。（項書 218 書）

按：項校曰：「步擎草：徒步持草，指充當僕役。『草』即馬料。」此說未確。王梵志詩曰：「世間慵懶人，五分向有二。例著一草衫，兩膊成山字。」又曰：「你富披錦袍，尋常被纏縛。窮苦無煩惱，草衣隨體著。」又曰：「富兒少男女，窮漢生一群。身上無衣著，長頭草裏蹲。」皆可證「草」可指草衣。又：「磧裏向西走，衣甲困須擎。」可證「擎」有穿衣義。故「步擎草」指身穿草衣步行，表示窮困落泊。

中途少小撩亂死。亦有初生瓔孩兒，……（朱書 30 頁）

按：朱校標點誤，「死」下當施逗號，「兒」下當施句號。蓋「兒」為韻腳，與「癡」「期」「稀」「思」等為韻。又「少小」S.778 無「小」字，S.1399「少少」，項校錄作「少少」並謂通「稍稍」今謂項說未確，應作「少小」。「少小」義為年幼，「中途少小撩（原文作「遼」，朱校誤錄）亂死」指年幼便紛紛死去，故下句言「亦有初生嬰孩兒」。P.2922《佛說善惡因果經一卷》：「有百歲不死，三十早亡，十五夭喪，胞胎墮落；有端政而貧賤，……」其中「十五夭喪」即「少小撩亂死」之意，「胞胎墮落」即「初生嬰孩兒」之意（「墮落」指流產）。

年年相續罪根重，月月增長肉身肥。日日造罪不知足，恰似獨養神豬兒。不能透圈四方走，還須圈裏待死時。自造惡業還自受，如今苦痛還自知。（項書184頁）

按：項校曰：「神豬兒：當是為了祠神而單獨豢養之肥豬，俟再考。」此說恐未確，若神豬兒為祠神之豬，則此豬不當有惡業，「日日造罪不知足」、「自造惡業還自受」等句義無所安。今考《太平廣記》卷四三九有「耿伏生」條（出《法苑珠林》），云：「隋大業十一年，伏生母張氏避父將絹兩疋與女。數歲後，母亡，變作母豬，生在其家，復產二㹠，伏生並已食盡，遂更不產，伏生即召屠兒出賣。未取之間，有一客僧從生乞食，……僧將一童子入豬圈中遊戲，豬與之言：『我是伏生母，為往日避生父眼，取絹兩疋與女，我坐此罪，變作母豬，生得兩兒，被生食盡。還債既畢，更無所負，欲召屠兒賣我，請為報之。』……少頃，屠兒即來取豬，豬踰圈走出，而向僧前床下。屠兒逐至僧房，僧曰：『豬來投我，今為贖取。……僧即具陳童子所說。伏生聞之，悲泣不能自已，更別加心供養豬母。凡經數日，豬忽自死，託夢其女云：『還債既畢，得生善處。』兼勸其女，更修功德。」「獨養神豬兒」似即此典中「更別加心供養豬母」之意，「神豬兒」義為具有靈性之豬。

兩家既不知，角眼相蛆妬。（朱書68頁）

按：「知」當為「和」之誤植，蓋此句僅存 P.3211，作「和」不作「知」。項楚録作「合」，非原文。「角眼」又作「角睛」、「角目」，見張校、週一良校及項校；又作「睜睞」，如 P.2922《佛說善惡因果經一卷》：有肥白睜睞，有青黑而婉媚；有雖智（短）小而足意氣，有雖長大為他僕使，……」「肥白」指皮膚細膩白淨，《廬山遠公話》有例；

晚睞」為同義連文，與「婉媚」相反。《説文》：「睞，目童子不正也。」《廣韻》：「睞，傍視。」故「睰睞」當為旁視貌。王梵志詩：『養大長成人，角睛難共語。」「角睛」即「斜眼」，張校、朱校、項校皆釋為「怒目而視」，未確。

聞道須鬼兵，逢頭即須搦。（張書 40 頁）

按：張校曰：「逢頭：俗謂遇到、碰著。」朱校同。項校曰：「逢頭，逢人。」今謂二説皆未確，「逢頭」義同「從頭」，表示一個挨一個、全部。如王梵志詩：「逢頭捉將去，無老亦無小。」又：「從頭捉將去，頑骨不心驚。」一曰：「逢頭捉將去」，一曰「從頭捉將去」，可證「逢頭」、「從頭」義同。「從頭」義為「一一」，如：「興生市郭兒，從頭市內坐。」「從頭市內坐」即「一一市內坐」。「逢頭」例又如：「地下須夫急，逢頭取次捉。」後句即「一一依次捉」之意。

老少總皆去，共同眾死厄。（項書 245 頁）

按：項校曰：「眾死厄：『眾』疑『罹』字形訛，謂遭死難也。」今謂「眾」字不誤，S.2713《定光佛預言》：「是定光菩薩，故來救眾生。今年太山崩壞，須鬼兵萬萬九千。須告眾無福人，但看四月五日，風從泰山來，即得病，二日即死。」此即言眾死厄也。

山鄓買物來，巧語能相和。眼勾穩物着，不肯遣放過。（項書 253 頁）

按：張校、朱校、項校皆謂「山鄓」為「山塞」，恐未確。疑「鄓」或當作「酈」，「山酈（廛）指廛肆。P.3468《達夜胡詞一首》：「餝行稽行，溢於郵肆。」「郵」即「酈」之俗字，與「鄓」形近。又「眼勾」句項校謂「俟再考」。今謂此句意當即「眼穩勾著物」，「勾」比喻用眼

光盯著。

意盡端坐取，得利過一倍。（張書 43 頁）

　　按：「倍」字 S.5641 作「陪」，同音假借。然「倍」與前文「坐」、「過」等不押韻，疑應音「部」。《吐魯番出土文書》第六冊第 402 頁「菩薩」寫作「陪薩」，則知「陪」、「菩」可同音。

開通萬里達，元寶出青黃。（項書 383 頁）

　　按：張校謂「青黃」為「青黃不接」，項校謂為「熔冶金屬之氣色」，皆未確。「青」當指青錫，「黃」當指黃銅，「青黃」即指銅錫。因錢用銅錫鑄，故「青黃」又可指銅錢。S.6207《祝願新郎文》：若所須疋帛，庫藏皆有青黃。」此「青黃」即指銅錢。

身行影你伴，身住影為鄰。身影百年外，相看一聚塵。（朱書 115 頁）

　　按：朱校曰：「你伴，張校誤改作『作伴』，……按：潘師《簡論〈王梵志詩校輯〉》：『規按：「身行影你伴」猶言「身行影伴你」，倒文極合說話口吻。』」潘說未確，「你」為「作」形誤，「作伴」與下句「為鄰」成對。又「身影百年外」，張校、項校皆錄作「身影百年後」，誤。

但看繭作蛾，不憶蠶生箔。（項書 300 頁）

　　按：項校曰：「繭作蛾：原作『蛾作蛾』，《校輯》改作『蛾作卵』，茲改作『繭作蛾』。」朱校亦改作「蛾作卵」。今謂二說皆未確，此處當作「蛾作蟻」，後一「蛾」字為「蟻」之省誤。「蟻」指蠶蟻，即剛孵化的幼蠶。《破魔變文》：「君不見生來死去，似蟻修還；為衣為食，

如蠶作繭。」（344頁）其中「修」字甲卷（P.2187）實作「循」，「循還（環）」即輪迴。此例「似蟻循還（環）」即喻生來死去如蠶蟻成蠶而又化蛾一般循環。梅堯臣《依韻和許待制偶書》詩：「深屋燕巢將欲補，密房蠶蟻尚憂寒。」此為「蠶蟻」詞例。「但看蛾作蟻，不憶蠶生箔」蓋謂只見蠶蛾變作蠶蟻，不知成蠶已生於蠶箔。

人人總色活，拄著上頭天。（項書 305 頁）

按：項校曰：「『拄』原作『注』。拄著上頭天：謂地上人滿為患，層層堆積，上拄於天。」此說未確，原作「注」字不誤。「注著上頭天」蓋謂人的壽命都是老天注定的，故前文云「古來服丹石，相次入黃泉。萬寶不贖命，千金不買年。有生即有死，何後復何先」。王梵志詩亦多寫生死天定之意，如：「名字石函裏，官職天曹注。」又：「運命滿悠悠，人生浪眕眕。死時天遣死，活時天遣活。」

循環何太急，□鑿相催驅。（項書 309 頁）

按：項校曰：闕字原似『愍』不可識。」今審核 P.3833 原卷，闕字實作「塠」，即「搥」字，朱校謂當作「搥」未盡確，當作「槌」。《搜神記》卷十六：「吳興施續，為潯陽督，能言論。有門生，亦有理義，常秉無鬼論。忽有一黑衣白袷客來，與共語，遂及鬼神。移日，客辭屈，乃曰：『君辭巧，理不足。僕即是鬼，何以云無。』問：『鬼何以來？』答曰：『受使來取君，期盡明日食時。』門生請乞酸苦。鬼問：『有人似君者否？』門生云：『施續帳下都督，與僕相似。』便與俱往，與都督對坐。鬼手中出一鐵鑿，可尺餘，安著都督頭，便舉椎打之。都督云：『頭覺微痛。』向來轉劇，食頃便亡。」此即「槌鑿相催驅」之例。「椎」同「槌」。

徒作七尺影，俱墳一丈坑。（項書 310 頁）

按：項校曰：「徒，原作『從』，應是『徒』字形訛，《校輯》作『從』。作，原作『你』，從《校輯》所改。」今謂原文「從你七尺影」不誤，即「即使你有七尺身軀」之意。「從」作「任從」、「即使」用者，如「看客只寧馨，從你通笑我」（朱書 183 頁）即為其例。

天雨麻點孔，三年著一滴。忘想逢便宜，參差著房席。（項書 322 頁）

按：項校：「点（點），原作『藨』。『麻點孔』，痲臉之瘢痕。」此校未確。「藨」即「蘱」字，同「稭」，麻稈也。詳朱校及拙校。「點」多有寫作「点」者，如「愚者守直坐，点者馺馺看」。「點」S.5441 即寫作「点」。「忘想」原作「王相」，朱校、潘重規校謂不當改，引《陰陽家書》曰：「五行遞旺於四時，凡動作宜乘旺相之氣，……故俗語以凡得時為旺相，失時為休囚也。」「王相」即「旺相」。其說甚是，《啟顏錄・昏忘》：「此家王相，買得好奴也。」即其例。又「房席」據項氏校記當作「局席」，蓋一時筆誤耳。信應舉謂「房席」為「牢房」，誤。

業厚即福來，業強福不着。（項書 324 頁）

按：項校：「業強：疑當作『業薄』，與上句『業厚』對舉。」說未確。「強」在此讀上聲，義為「不足」、「勉強」。

百年有一倒，自去遣誰當。（朱書 142 頁）

按：朱校曰：「一倒：指一死，因人死則倒下，俗以倒為死之廋詞。」項說同。今謂「一倒」當作「一到」，王梵志另一首詩道：「人生能幾時，朝夕不可保。……充充信因緣，終歸有一到。」（朱書 117

頁）此即作「一到」。朱校謂「一到」，猶「一倒」，項校改「到」為「倒」，皆未確。前例言「自去遣誰當」，「去」與「到」相呼應，故「倒」字義澀。王梵志詩：「一往陷三途，窮劫不得脫。」（朱書404頁）「一日無常去，王前擺手行。」（朱書325頁）《無常經講經文》：「休於濁世醉昏昏，須臾便是無常到。」658頁）此皆「一到」之意。

錦綺嫌不著，豬羊死不餐。（朱書143頁）

按：朱校曰：「錦，原卷作『綿』，據文義改。」項校同。今謂「綿綺」不誤，如《太平廣記》卷四三七「范翊」條：「翊有親知陳福，亦署裨將，翊差往淮南充使，收市綿綺。」（出《集異記》）又P.3270《兒郎偉》：「進奉珍玩白玉，綿綾雜彩千端。」「綿綾」、「綿綺」義同。

榮官赤赫赫，□族黃焌焌。（項書341頁）

按：闕文不闕，作「滅」；「焌」即「焌」之俗字。敦煌寫本「焂」多作「焂」，如《伍子胥變文》：「登山入谷，遠澗尋源。」（7頁）「山」字P.2794作「峻」，即「峻」。又《燕子賦》；「乃有黃雀，頭腦峻削。」（294頁）「峻」字底卷P.2491即作「峻」。

死王羨活鼠，寧及尋常人。（項書341頁）

按：項校曰：「典出《御覽》911引《抱朴子》：『陳安世年十三，初為管叔本客，得道。叔本年七十，猶拜安世，曰：「得道者當師，吾羞弟子之禮矣。死王樂生鼠，雖為帝王，死不及生鼠。」』按今本《抱朴子內篇・勤求》載陳安世事，文字略有異同，而無『死王樂生鼠』數句，嚴可均《全晉文》輯《抱朴子》逸文，亦漏收此數句。」今考《抱朴子・勤求》，陳安世事下確無此數句，然篇內別處却有一段道：

「古人有言曰：『生之於我，利亦大焉，論其貴賤，雖爵為帝王，不足以此法比焉。論其輕重，雖富有天下，不足以此術易焉。』故有死王樂為生鼠之喻也。」據此，《抱朴子》未必有上數句逸文，《御覽》所引前後不屬，或有錯簡或拼接也。

若無主子物，誰家死骨頭。（項書 343 頁）

按：項校：「原作『若無主物子』，『子』旁有乙轉記號『v』，因移至『物』前。今核底卷 P.3838，所謂乙轉號者實乃右行「盧」字一撇頓挫而成小勾，項氏誤辨。「主物子」張校謂即主人俗稱，恐未確。

自著紫臭翁，餘人赤羖瀝。（項書 345 頁）

按：項校：『翁』字俟再校。今考《龍龕手鏡》：翰，烏公反，吳人呼靴勒曰翰。」「翁」當即「翰」之省旁字。

索得屈烏爵，家風不禁益。（項書 345 頁）

按：「禁」當作「榮」，形近而訛；「榮益」即興盛之意。「屈烏爵」原卷實作「屈著烏爵」，「着」旁有「卜」號當刪，「爵」旁有「v」號當乙轉，故此句當録作「索得屈爵烏」。張校、戴校録作「索得屈烏爵」，朱校作「索得屈烏爵」，皆未確。項校引《五苦章句經》「烏鵲狡狗，鶉鳥屈烏」而後曰：「經文所謂『屈烏』（「烏」字或為「烏」字之訛），應該就是獄中食人的惡鳥，梵志以喻惡婦。」其中「烏」字不當校改，釋義亦恐未確。《龂齗書一卷》：「索得個屈期醜物人來，與我作底？」（858 頁）「屈期」蔣禮鴻校作「屈奇」，怪異之意，是。又《燕子賦》：「燕子啟大王：『雀兒漫洛荒。亦是窮奇鳥，構架足詞章。」（264頁）此「窮奇鳥」與「屈爵烏」、「屈期醜物」義皆相近，「窮奇」、「屈

爵」、「屈期」當為一詞，皆醜怪之意，王梵志蓋以醜怪之鳥喻心性醜惡之婦也（王梵志又有詩曰「前身有何罪，色〔索〕得鳩槃荼」，「鳩槃荼」亦喻醜婦）。

當時雖待堵，過後必身安。（項書 357 頁）

按：項校：「待堵：應即『踞踦』、『踞峙』之倒文，行難進貌。」朱校：「戴校作『堵氣』，張校作『碕堵』，並注曰：『碕堵：多阻礙。』按：原卷作『綺楮』，待校。」今細核原卷，字實作「綺堵」（「堵」為小字，旁註於前字正右側），當為「嵜闍」之異寫。《王無功文集》[8] 卷三《遊北寺》：「暫識嵜闍嶺，聊詢劫燼灰。」又《觀石壁諸龕禮拜成詠》：嶺路橫攜斷，山心暗鑿通。」「嵜」字《龍龕手鏡》音「巨支反」，與「綺」（右半即「奇」）當為同音字。此「嵜闍」即「橫攜斷」義，與王梵志詩「綺堵」之含義同。

負恩必須酬，施恩慎勿色。索他一石麪，還他拾斗麥。（項書 358 頁）

按：項校：「索他：原作『索得他』，衍『得』字。色：謂有德色，自以為有恩於人。」朱校：「原卷作『施恩慎勿色索得他一石麪』，『色』、『索』意同為求，當刪一字。」朱校是，「色索」連書，蓋以「索」改「色」之例也。「得他一石麪」與下文「得他半匹練」句式一致。

瓠蘆作打車，棒莫作出客。（項書 358 頁）

按：項校：「棒莫：疑當作『捧菓』。出：原卷作『㞷』，當作

8　《王無功文集》，上海古籍出版社 1987 年版。

『屈』，邀請之義。」朱校「出客」作「惡客」，曰：「戴校誤作『出客』，張校誤作『山客』。按：原卷實作『惡客』。」眾校皆誤，原卷實作「瓠蘆作打車棒，莫作一出客」，「蘆」字可刪。《太平廣記》卷二五八「高敖曹」條：「桃生毛彈子，瓠長棒槌兒。」《世說新語・簡傲》：「陸士衡初人洛，……初無他言，唯問：『東吳有長柄壺盧，卿得種來不？』」「壺盧」《歷代笑話集》[9]所輯《諧噱録》作「葫蘆」，王梵志詩所言之「瓠」即指此種長柄葫蘆。明徐光啟《農政全書》卷十七《水利》有「筒車」條，曰：筒車：流水筒輪。……就繫竹筒或木筒（小字註：謂小輪則用竹筒，大輪則用木筒）於輪之一週。水激輪轉，眾筒兜水，次第傾於岸上所橫水槽，謂之天池，以灌田稻。日夜不息，絕勝人力。」（有圖，略）疑此種筒車唐代已有，而長柄葫蘆可以作筒如竹筒、木筒之用。因筒車用於向外打水，故王梵志以之喻胳膊肘向外拐的「出客」。

敬他保自貴，辱他□自□。（項書 360 頁）

　　按：項校：「原殘兩字，《校輯》補作『還自受』，出韻。」朱校：「原卷實作『招自恥』」今細核原卷，字實作「⿰：自恥」，即「必自恥」（「恥」字左邊為折橫陰影所遮，右邊可辨識）。

剩打三五盞，愁應來屍走。（朱書 160 頁）

　　按：朱校：「來，張校作『如』。按：『來』往往用在動詞之後，猶如『……時』。《未確。疑「來」為「悉」字之形誤，「愁應悉屍走」謂憂愁全都消去（「屍走」詳項校考釋）。

9　上海古籍出版社 1981 年出版。

我家在何處，結菿守先阿。（項書 365 頁）

按：「菿」即「對」之俗字，敦煌寫本中通常皆作此形。項校「結對」改作「結芋」，張校改作「結隊」，皆未確。原卷「守」旁有勾乙號，故此句應錄作「結守對先阿」。潘重規謂「守」為「宇」之訛，「結宇」即築室，甚是。

家僮須飽暖，裝束唯粗疏。（項書 374 頁）

按：「須」當讀為「雖」，與下句「唯」字相應。「雖」、「須」二字敦煌卷子中多混用，不煩舉證。

年年愁上番，獼猴帶斧鑿。（項書 378 頁）

按：項校：「獼猴帶斧鑿：古代戲弄之一種。」此説恐未確。「帶」應讀為「戴」，「斧鑿」為刑具。《漢書・刑法志》：「大刑用甲兵，其次用斧鉞；中刑用刀鋸，其次用鑽鑿；薄刑用鞭撲。」此其證。獼猴性好動，而上番值勤則通常需正襟危坐如身戴刑具，不得妄動，是以為喻。

□□□□□，□□□□惡。（項書 479 頁）

按：闕文前五字皆尚存左半邊緣，仔細推敲乃「一日厥摩師」。此為王梵志詩中習語，如「一日厥摩師，空得紙錢送」（張書 26 頁）、「一日厥摩師，他用不由你」（張書 150 頁）。

自作還自受，努力抵當却。（項書 478 頁）

按：項校：「『抵』原作『丞』，《校輯》作『祗』，按應為『抵』字之訛。《燕子賦》：『鳳凰令遣追捉，身作還自抵當。』」戴校同。今

謂誤字説未確，《燕子賦》例「抵」字原卷、乙卷、丁卷皆作「身」，
甲卷作「袛」，即「祗」字，《變文集》誤録為「抵」。敦煌文獻中「祗」
字多作詞頭用，無「恭敬」之意。例如《燕子賦》：「但辦脊背祗承。」
（252頁）「祗承」即「承」；《無常經講經文》：「閻王問你之時，看甚
言詞祗備。」（662頁）「祗備」即「備」；其他「祗受」、「祗領」、「祗
揖」等皆是。又「祗當」一詞《敦煌資料》第一輯中用例甚多，皆不
作「抵當」。

生促死路長，久往何益當。（朱書198頁）

　　按：「往」字底卷P.3418實作「住」，作「住」字是，義為生存。

迥獨一身活，病困遣誰看？（項書501頁）

　　按：項校：「迥：『迴』俗字。此處借作『煢』。」朱校：「迴，
P.3418、P.3724作『迥』，即『迴』字俗寫。L.2852即作『迴』。」朱説
誤，「迴獨」不辭；項説亦未確，「迥」字不煩改。《伍子胥變文》：「妾
家住在荒郊側，四迥無鄰獨棲宿。」（9頁）又：「孤莊獨立，四迥無
人。」「迥」各卷原形皆即作「迥」，即「坰」字，讀為「坰」，郊野也。

相將歸去來，閻浮不可停。（朱書217頁）

　　按：朱校：『停，P.3418作『亭』，P.3724作『停』，依文義據P.3724
作『停』。」項校亦改作「停」。今謂「亭」即「停」之古字，不煩改。
《説文》：「亭，民所安定也。」段註：「《俗通》曰：『亭，留也。蓋行
旅宿會之所館。』《釋名》曰：『亭，停也。人所停集。』按云『民所
安定』者，謂居民於是備盜賊、行旅於是止宿也。亭、定疊韻，亭之
引申為亭止，俗乃製停、渟字。……」敦煌寫本中亭、停並用，如

P.3270《兒郎偉》：「不許沙州亭宿，亦不許惱亂川原。」又同上：小種多收萬倍，家家廣亭麥圖。」皆用「亭」字，即停留、停放之意。又「相將歸去來，閻浮不可亭」二句當併入前一首。

去馬游殘迹，空留紙上名。（朱書 217 頁）

按：「遊」當讀為「餘」，留也。尤韻字與魚（或虞）韻字可通，如王梵志詩「寒食墓邊哭，却被鬼揶揄」，後二字 P.3418、P.3724 皆作「耶由」，即其例。

錢饒即獨富，吾貧常省事。（項書 519 頁）

按：項校：「『饒』原作『逸』，戊二作『逸』，《校輯》改作『兌』。按此字疑是『遠』之訛，『遠』又『饒』之訛。」朱校：P.3418、3724 並作『錢逸』。義自允當，不煩改字。」今謂「錢逸」是，「逸」應讀為「溢」。《茶酒論》：「人來買之，錢財盈溢。言下便得富饒。」（268 頁）「錢逸（溢）」即「錢財盈滿」之意。P.3468《達夜胡詞》：「天門日昌熾，俯（府）庫常盈溢。歲歲夜胡兒，長頭沾優恤。」同上又：「餻行稽行，溢於廛市。」「溢」、「盈溢」皆為「滿」義，P.3702《兒郎偉》：「家國倉庫盈滿，誓願飯飽無爭。」「盈滿」同「盈溢」，「溢」即滿也。

錢是害人物，智者常遠離。□□□□□，心恒更願取。（朱書 221 頁）

按：「離」字讀仄聲，《與前文「死」、「子」、「起」、「利」等為韻。《孟姜女變文》：「不是杞梁血相離。」（33 頁）「離」即與「死」、「止」、「起」、「裏」等仄聲字為韻，與此例正同。第三句缺文各卷皆無，不當補，「心恒更願取」劃歸下一首。

身體骨崖崖，面皮千道皺。行時頭即低，策杖共人語。眼中雙淚流，鼻涕垂入口。（朱書 223 頁）

　　按：上一首最後句「心恒更願取」歸此，應句逗為：「心恒更願取身體骨崖崖。面皮千道皺，行時頭即低。策杖共人語，□□□□□。」「崖」（魚羈切）、「低」及擬補句最末一字為韻脚。「面皮千道皺」以下換韻，當別為一首。

腰似就弦弓，引氣嗽喘急。（朱書 223 頁）

　　按：朱校：P.3418 作『斷弦弓』，P.3724 作『就弦弓』依文義蓋形容老態龍鍾腰肢彎曲，當據 P.3724 作『就弦弓』。項校：按作『斷』雖亦通，究不如作『就』更為形象。」今謂「斷」乃「短」之近音借字，「短弦弓」指弦繃得很緊的弓，實較「就弦弓」（上了弦的弓）更能形象地表示出老人腰背曲度之大。又「嗽喘急」朱校曰：「按 P.3418 作『嘘喘急』，P.3724 作『瘦喘嗽』。戴校以為『嘘』當作『嗽』，今依文義改作『嗽喘急』。」項校曰：「此三字戊二作『瘦喘嗽』，『瘦』亦『嗽』之音訛，書手擬改書『嗽』，又寫為『嗽』，且取代『急』字，遂不可解。」二説皆未確。P.3418「急」無法與上下「口」、「醜」、「酒」等押韻，必非原寫無疑。P.3724「嗽」為「嗽」之形訛，為韻脚；「瘦」為「粗」之形訛。敦煌寫本「粗」多作「麤」（從三鹿省），而「麤」上有時訛脱一頓點，即與「廋」相近。《八相變》：「見一老人，……項上有百道麤（粗）筋，……緩行慢行，麤喘細喘。」「粗」字雲 24 號皆作「麤」，麗 40 號前一同，後一作「廲」，即與「瘦」字形近。故愚見此處「瘦」應作「麤」，「引氣嗽喘急」應校作「引氣粗喘嗽」。

舂人收糠將，舐略空唇口。（項書 521 頁）

　　按：項校謂「略」通「掠」，未盡確。巢元方《諸病源候論》卷一「風身體手足不遂候」條引《养生方導引法》：「以舌舐略唇口牙齒，然後咽唾，徐徐以口吐氣，鼻引氣入喉。」即用「舐略唇口」一語。

衙日唱稽遳，佐史打脊爛。（朱書 360 頁）

　　按：朱校：「稽遳：即計較遳欠，稽考民戶欠納之賦稅。韓愈詩：『轉輸非不勤，稽遳有軍令。』」項校：「唱念遲到曠職姓名以責考勤，稱為『唱稽遳』。」項說近是，「遳」猶「違」也，《唐律疏義》卷夷「官人從駕稽違」條：「諸官人從駕稽違及從而先還者，笞四十，三日加一等。」「稽」為遲到，「違」為曠職，「先還」為早退。同卷「官人無故不上」條，「諸官人無故不上及當番不到，若因暇而違者，一日笞二十，三日加一等。」「違」亦曠職。

天王元不朝，父母反拜却。（朱書 240 頁）

　　按：「却」當作「脚」，「拜脚」指拜倒於脚下。同時最後一句「恰似鱉無脚」「脚」字 P.3724 即作「却」。依教規僧、道不拜君親，但唐高宗曾有《僧尼不得受父母及尊者禮拜詔》，群臣贊同、反對參半，故高宗又下《令僧道致拜父母詔》，曰：「今於君處，勿須致拜；其父母之所，慈育彌深，祗伏斯曠，更將安設，自今已後，即宜跪拜。主者施行。」據此，王梵志此詩當作於高宗詔令之前。

身心並出家，色欲無染著。（朱書 240 頁）

　　按：「無」字朱校、項校等皆同。今核 P.3724 卷字作「能」當據校改。下文云「生佛不供養，財色偏染著。白日趁身名，兼能夜逐樂」，

可證作「能」字是。

怨怨來相仇，何時解摘竟。（朱書 245 頁）

按：朱校：「摘竟，P.3418、S.6032 實並作『擿竟』，『擿』為『摘』之繁重俗寫。解摘：義為解脫摘除。」項校謂：「適」（P.3418 實作「適」）為「釋」之音訛，「解釋」義為「解散、消彌」。今謂項說是，然「適」字亦可不改。《藝術叢編・藝術類徵》圖 56 東漢熹平元年十二月四日朱書解殃瓮，其上辭曰：甲申，為陳口敬著立塚墓之根，為生人除殃，為死人解適，告北塚公伯地下二千石倉。」「解適」與「除殃」相儷偶，其義甚明。

雇人即棒脊，急手攝你脚。（項書 259 頁）

按：項校：「『攝你脚』謂急不暇擇，遂捉持脚。」朱校改「脚」為「却」。今謂「攝你脚」指用棒撩脚，《燕子賦》：「燕若入來，把棒撩脚。」（249 頁）即此意也。

中間八萬戶，常無啾唧聲。（朱書 261 頁）

按：「常」應讀為「嘗」，此句謂八萬戶屍蟲未嘗發出爭吵聲。

膿流遍身浼，六賊腹中停。（朱書 261 頁）

按：朱校：「P.3418 作『逸』『逸』即『逸』，依文義疑當作『浼』」項校作「遠」，曰：「『遠』原作『逸』，即『遠』之形訛。」今謂此字即「逸」俗體，通「溢」，盈溢、盈滿也。

主人無床枕，坐旦捉狗親。（項書 411 頁）

　　按：項校：「旦，各本作『且』，唯丁七（S.3393——項書卷號表誤作 S.3392）作『旦』，據改。坐旦：坐以達旦。」朱校：「各本均作『且』，作『旦』非。」朱校是，S.3393 實亦作「且」。即便作「旦」，亦宜讀為「但」，不當以「坐以達旦」釋之。又「親」字朱校作「独（豚）」，皆與原文「狐」或「孤」相去甚遠，未確。

立身行孝道，省事莫為德。（朱書 360 頁）

　　按：「德」字各卷或作「悳」，或作「憼」，朱校未確，敦煌寫本「愆」字右上角皆從二「天」，不從二「夫」，幾無例外。

有緣重相見，業薄即隔生。（項書 249 頁）

　　按：項校：「業薄：福分淺。『業』，指善業，善業導致福果，善業薄則所獲福分亦淺，此處即指戰鬥而死。」張校、朱校略同。今謂「業」乃「緣業」之「業」，即緣分。《太公家教》（P.2564）：「隨緣信業，且逐隨時之宜。」此處「緣」、「業」並舉，則知「業」亦「緣」也。王梵志詩「有緣」、「業薄」對舉，「業」正應作「緣」解。

但看人頭數，即須受逢迎。（朱書 308 頁）

　　按：此二句 P.3716 作「但看人頭上，即須愛逢迎」，諸家並失校。「愛」有「頻」義，如《王昭君變文》：「陰圾（坂）愛長席箕掇，〔陽〕谷多生沒咄渾。」（98 頁）《父母恩重經講經文》：「時時愛被翁婆怪，往往頻遭伯叔嗔。」（682 頁）《維摩碎金》：「常將妙法度眾生，愛把正因教我等。」（《敦煌變文論文錄》851 頁）皆可證。王梵志詩蓋謂只要是人，不論好壞都應頻頻逢迎。

莫不安爪肉，魚吞在腸裏。（項書 448 頁）

　　按：項校：「各本歧異甚大，原本、丁六、丁十一作『莫不安欠二，爪魚在腸裏』；丁三、丁四作『莫不安爪肉，魚吞在腹裏』；丁七本則只『爪魚在腸裏』一句。……」今謂「爪」當作「瓜」，核各卷，P.4094（丁十一）、S2710（丁六）、3558（丁三）卷實作「𤓰」，即「瓜」字無疑；P.3716（丁四）實作「瓜」，亦為「瓜」字；唯 S.3393 作「爪」《龍龕手鏡》：「瓜：古花反，《爾雅》曰：『瓜，華也。』……又瓜部與爪部相濫。爪，音側絞反。」故知 S.3393 作「爪」當為形訛字。

六時長禮儀，日暮廣燒香。十齋莫使闕，有力煞三長。（項書 417 頁）

　　按：項校：「『煞』丁四（P.3716）作『𥲠』。『場』丁五、《校輯》作『長』。煞三場：俟再考。『場』應據丁五作『長』，指『三長齋』，即每年正、五、九月持齋。……」朱校：「煞三長：三長，指年月日之首。煞三長：努力在三長敬佛，可得吉兆。……」今謂 P.3716 作「𥲠三場」者是，「煞」為「殺」之俗字，「殺」為「𥼎」之省，「𥲠」為「𥼎」之簡。《說文》：𥼎，稯𥼎，散之也。從米殺聲。」段註：𥼎者復舉字， 者衍字。《左傳正義》兩引《說文》『𥼎，散之也』，可證。……是『𥼎，本謂散米，引申之，凡放散皆曰『𥼎』。……亦省作『殺』，《齊民要術》凡云『殺米』者皆『𥼎米』也。《孟子》曰：『殺三苗於三危』，即『𥼎三苗』也。」段說是，《齊民要術》卷七「造神麴並酒」：「若作糯米酒，一斗麴，殺米一石八斗。」字又作「摋」，如韓愈《月蝕詩效玉川子作》：「星如摋沙出，攢集爭強雄。」或本「摋」作「撒」，蓋後起俗字也。由於古人齋戒、祭祀等活動有酹酒、潑水等程序，故有「殺地」、「撒壇」等詞，如《齊民要術》同上引卷次：「七月取中寅日，使童子着青衣，日未出時，面向殺地，汲水二十斛。勿令人潑水，水長

亦可瀉却，莫令人用。其和麴之時，面向殺地和之，令使絕強。團麴之人，皆是童了小兒，亦面向殺地，有污穢者不使。……主人三遍讀文，各再拜。」所附《祝麴文》即有「酒、脯之薦，以相祈請，願垂神力，勤鑒所領」等語。引文中「殺地」數見，皆指齋戒肅潔之地。又敦煌卷子中 P.3270《兒郎偉》：「驅儺之法，天下共傳。歲暮追呼五道，點檢旗鄰（麒麟）戈鋌。排比只於中館，天兵助我撒壇。捉取浮遊浪鬼，不教尹（伊）獨弄威權。」「撒壇」即結壇撒酒以祈神，「撒」同「殺」。由此可證，王梵志詩「十齋莫使闕，有力煞三場」，「煞」為「殺」之俗字（見《干祿字書》，「殺三場」即「殺三場」「撒三場」，亦即齋戒三場之意。二句表示各種齋戒活動皆莫使缺也。

（原載《中華文史論叢》第 50 輯，1992 年 12 月。本文雖較前篇晚發表，但却先完稿。又，原稿先投《新疆文物》，而未留底稿，後重寫而投寄《中華文史論叢》，故兩篇內容略有重複。）

《敦煌歌辭總編》校釋商榷

　　任半塘先生新著《敦煌歌辭總編》（以下簡稱《總編》），已於1987年底由上海古籍出版社出版。此書收集歌辭雖仍有遺漏，但較目前他書則越出甚多。又此書集作品、校勘、考釋與論述於一編，內容甚備。筆者因近年從事於王梵志詩、變文、《兒郎偉》及敦煌曲子之原卷、原文校訂，故於《總編》盥手讀罷之後，略有管見，謹請讀者指正。因《總編》部帙較大，本文所商榷者僅限於上冊，中、下冊只在核準例句時涉及。本文所涉內容有：字形不近而以形誤校改者；字音不近而以音誤校改者；不解俗語詞而誤改者；形、音、義皆不近而據文義校改者；言音韻而不合音韻學常識者；旁引例證而例證虛假者；旁引例證而例證未核準者；旁引例證而彼此循環作證、皆非原文者（先據文義改彼句，於此句處即拉彼句為證，於彼句處復拉此句為證，兩處皆虛）；當校而失校者，等等。

　　為便於覆核，本文在各曲子原文後皆標註《總編》頁碼；所舉例

句則依《總編》各曲子編號。又凡引變文例句，皆出《敦煌變文集》[1]，故只引篇名而不引書名，引文後一般皆標註該書頁碼。又本文凡引任半塘先生校說，皆標明「任校」字樣，拙見則加以「按」或「今謂」等，以資區別。

月下愁聽砧杵起，塞雁南行。（58頁）

按：「起」字三個本子原皆作「擬」，「南」字原無。「起」、「擬」無相代之例，所校恐未確。今謂「擬」字當衍，蓋「杵」原寫從「才」旁，「擬」本應作「癡」而涉上類化，「杵」、「癡」為遇攝與止攝關係，二攝在唐五代西北方音中混而不分，故可通。又「癡」、「擬」頗有相誤之例，如《捉季布傳文》：「朱解心粗無遠見，擬呼左右送他身。」（65頁）「粗」字丁、庚卷皆作「擬」，即為「癡」之誤，「癡」、「粗」亦止攝與遇攝相通之例。故「杵擬」二字，當是「擬」因與「杵」音近而誤衍。「月下愁聽砧杵，塞雁行」，此句法與同為《鳳歸雲》調之〔0003〕首「素胸未消殘雪，透輕羅」、〔0004〕首「幼年生於閨閣，洞房深」相合，故「南」字不煩擬補。

倚膈無言垂血淚，暗祝三光。萬般無奈處，一爐香盡，又更添香。（58頁）

按：「祝」同「呪」《唐律疏議》附錄宋人孫奭《律音義・盜賊第七》：「祝，之救切。作『呪』者，俗。下同。」又「無奈」原各本皆作「無那」，不當改。駱賓王《艷情代郭氏贈盧照鄰》詩：「無那短封即疏索，不在長情守期契。」任校亦舉有王昌齡「無那金閨萬里愁」

1　人民文學出版社1957年出版。

例，而謂：「惟在此如作『那處』，將混為『何處』之意，故用『奈』。」今謂「無那」既為唐人習語，義雖同「無奈」，仍以不改為是。何況此處並不容易引起歧義，若覺有必要，註解一下即可。

想你為君貪苦戰，不憚崎嶇。（58頁）

按：「你」字各本原皆作「得」。任校謂：「『想你』原寫『想得』，據〔0059〕『想你終日心無退』原寫『想得』改。」今核〔0059〕首，此句實作「憶得終日心無退」，任校謂：「『得』字在『舊編』改『你』，誠亦有例，亦符辭意；但敦煌所藏《山花子》右辭總是我國北方作品居多，此處應由『得』字以入作平，滿足格律要求。不能改『你』。」此所謂「誠亦有例」，蓋即指「想你為君貪苦戰」例；今二例既然所校皆未確，則不當彼此互證。「想得」之「得」皆為動詞詞尾，現代漢語及現代方言亦不讀平聲，恐難以為「滿足格律要求」而隨意改變。即使是動詞，敦煌文獻中亦未見「得」不作入聲而作平聲者。又「貪苦戰」原作「貧苦戰」，「貧」、「苦」同義連文，似亦不當校改。

止憑三尺，勇戰單于。（58頁）

按：「止」字乙卷作「巳」，丙卷作「山」，皆當為草書形訛。任校謂「止」作「巳」者乃用「只」之形，未確（「止」上聲，「只」入聲，音不同）。又「單于」各本皆作「奸愚」，校改未安。任校謂：「作者因何不敢用「單于」一詞以明指？何為畏首畏尾，模糊其詞曰『奸愚』？書手玩弄發音相近之『奸愚』，破壞作者之敵愾及長征健兒之忠勇，有咎責！應抵制。」此說似太過，書手誤抄，一般皆情有可原，或係于形，或係于音，或係于同義詞替換，錯簡、遺漏等，故欲論定書手蓄意破壞，務必求得確鑿證據。今謂「奸愚」不誤，「奸」為見母

字，「單」為「禪」母字，二字聲母相去甚遠。又「奸愚」作為形容性貶義詞，用以指代敵方（未必指單于）。合於常情。

待公卿回故里，容顏憔悴，彼此何如。（58 頁）

按：「里」字三個本子原皆作「日」，校改未安。任校謂：「『里』原寫『日』，因《蘇莫遮》大曲〔1517〕內有『一日三回到』句，三本寫『日』，一本寫『里』，因據改。此正可作依據『方音實例』以補充『方音理論』之資料，惜尚無人識之。羅氏『方音』因『里』『日』之聲母分屬 I 與 r，斷為無相通可能，若不知有所謂方音者。今謂羅常培先生之説不誤，任校證據不足。「一日三回到」（「回」字原作「過」，「過」有「回」義，任校未確）之「日」一本作「里」，蓋因「一日三」連書似「里」而誤（「日」字敦煌寫本通常多作「日」形），不足為據。「日」、「里」二字聲、韻、調悉異，無由通假。又「回故」，任校謂：「俞氏又謂『故』乃『顧』之誤，按『回顧』只有回顧到少年去，與下句寫老年之『容顏憔悴』亦不相應。蔣氏又謂『回故里』之『故』乃『皈』之訛，『皈』乃『歸』，因訂三字曰『回歸日』。」今按「回顧」、「回歸」皆「回返」之意，而「回故」亦有「回返」之意，故蔣禮鴻先生在《敦煌變文字義通釋》1981 年第三版附錄三《〈敦煌曲子詞集〉校議》「待公卿回故日」條中旁引博徵論證「顧反」、「故反」、「故歸」等皆有「回返」之意，而任校所引蔣説乃該書 1960 年第二版中舊説，任書既出於 1987 年底，自當以引用蔣書第三版為是。

朱含碎玉，雲鬢婆娑。（102 頁）

按：「朱」借代「唇」，「碎玉」借代「齒」，S.6207《兒郎偉》：「含朱吐玉，束帶矜莊」，可證。然「朱含碎玉」終不及「含朱吐玉」義

顯，疑有誤。

娉得良人，為國願長征。（103頁）

按：「願」字原作「遠」，任校謂：「『遠』與下文『長』意複，與『願』音近。」今謂二字一屬疑母，一屬雲母，互代之例未廣；「遠」、「長」可同義連文，並無「意複」之忌，不當改。

犀玉滿頭花滿面，負妾一雙偷淚眼。淚珠若得似真珠，拈不散，知何限，串向紅絲應百萬。（121頁）

任校：「『偷淚』費解，『偷淚眼』無考。『偷』疑是『淹』之形訛，謂淚多，眼為所淹也。一說『偷淚眼』為暗中啼泣，謂之『偷』，待例證。」按，任校蓋未悟「負」為「覆」之同音借字，遂昧大義，疑「偷」為「淹」之形訛。此《天仙子》下片蓋謂犀、玉所製首飾插滿頭、鬢，花子貼滿面龐，以覆蓋一雙偷偷泣淚之眼。淚珠若能似珍（原文，校詳下）珠一般拈不散，串於紅絲應有百萬顆。此處「犀玉」借代首飾，無需舉證；「花」指「花子」（或稱「花黃」），則應略加舉證。唐段成式《酉陽雜俎・黥》：今婦人面飾用花子，起自昭容上官氏所製，以掩黥飾。」又唐李復言《續玄怪錄》卷四《定婚店》篇：「然其眉間，常帖一花子，雖沐浴寢處，未嘗暫去。歲餘，固訝之，忽憶昔日奴刀中眉間之說，因逼問之。妻潸然曰：『……三歲時，抱行市中，為狂賊所刺，刀痕尚在，故以花子覆之。』」據此，花子本以掩黥，後世漸成風俗，雖無黥亦用之。本《天仙子》即用以掩飾淚痕。又「花子」當即「花黃」，古樂府《木蘭詩》有「當窗理雲鬢，對鏡貼花黃」。又有「花紅」，亦同。《下女夫詞》（277頁）：「頭上盤龍結（髻），面上貼花紅。」「紅」與上聯「逢」押韻，故可確知非誤字。「花紅」一詞見收於《辭

海》，然無此義。由《定婚店》例「故以花子覆之」之「覆」，可以推斷「負妾一雙偷淚眼」之「負」為借字。現再舉數例「覆」、「負」通假者以實之。《生查子》：「鬱鬱覆雲霞，直擁高峰頂。」（397頁）「覆」上原有「赴」字，蓋書手誤抄同音字而下面添改為「覆」也。《晏子賦》：「唇不附齒。」（344頁）「負」字原作「附」。由此可見「赴」、「覆」、「負」皆可通。任校398頁謂「覆」通作「赴」乃「入派三聲」，誤。「覆」字本有入、去二聲，《廣韻》：「覆，蓋也，敷救切。」又：「覆，反覆，芳福切。」既是多音字，則不可謂之「入派三聲」。又「淚珠若得似真珠」句，「真」本作「珍」，任校未當。「珍珠」可作「真珠」，但單用時宜作「珍」，《敦煌變文集・捉季布傳文》「似山藏玉蛤含珍」例即是。任校以〔0109〕首「遇藥傷蛇口含真」例來校改「珍」字，未安。

無人共，花滿洞，羞把同心千遍弄。（127頁）

　　按：「共」字原作「問」，任校近是。然所引龍沐勛說，謂漢代焦延壽《易林》內東、真二韻可通，故「問」為「共」之同音借字，則未安。唐去漢為時甚遠，語音早有變遷；又二字聲母不同，「問」為微母，「共」為群母，殊難通轉。較有可能的是形誤，因「問」字原卷草寫與「共」稍近。又「羞」字原作「休」，所改非當。「休把同心千遍弄」乃古詩「棄捐勿復道」之意，以「不復相思」反寫內心相思之甚。

叵耐不知何處去，正值花開誰是主？（127頁）

　　按：「值」字甲卷作「時」，乙卷作「是」，任校謂：「『是』字與甲本原寫之『時』形聲義俱不近；而〔0013〕『正是』原本又寫『正時』，足見『時』之平聲不可忽。『值』字可以由入派平，便與『時』

近。」今謂「由入派平」說於此未安，「時」、「值」未見通假例。至於
「時」、「是」通假乃古文常例，任校謂之「形聲義俱不近」，誤。《醜
女緣起》：「其是大王處分：排備燕會，屈請郎。」（792頁）「是」字戊
卷即作「時」。又同篇：「欲識公主此是容。」（799頁）「是」字亦通
「時」。

待伊來際共伊言，須改狂來斷却顚。（135頁）

　　按：「際」原作「敬」，任校謂：「『敬』於此時已失鼻音，由見母
轉入祭母，故可代『際』。劉書載王梵志詩：『飲酒妨生敬』，劉氏註：
『一本作「計」。』」此處「由見母轉入祭母」不知何意，似為音韻學常
識錯誤。蓋「見母」指聲母，「祭母」為韻母（應說「祭韻」），聲母
無法轉入韻母。「際」為精母，故原任氏之意「祭母」當言「精母」。
然任校所舉王梵志詩「敬」一作「計」例，「計」亦為見母，則轉入精
母說亦乏根據。今謂「待伊來敬共伊言」當校作「待伊來更共伊言」，
「敬」為「更」之通假字。「敬」、「更」二字皆見母映韻去聲，惟三等、
二等之別，例可通假。《維摩詰經講經文》：「曾終十善重佛僧，敬莫交
身沉六趣。」（584頁）「敬」在此不作恭敬解，而是「更」之借字。又
〔1334〕首《十二時》：「更擬講，日將西，計想門徒總待歸。」（1663頁）
「更」字原作「敬」，義不可通，必為「更」之借字（《無常經講經文》
有「更擬說，日西垂，座下門徒各要歸」句，即用「更」字）。然任校
又謂：「『更』在此辭（指「待伊來敬共伊言」例）不能用，『更共伊言』
將成上三下四句法，不合。」今謂此說實亦未安，由語法言之此句誠為
上三下四式，然由音節言之則仍可讀為上四下三，於「待伊來更」下
作一停頓。此種句法不乏其例，甚至詩人詞客往往為變換句法而故意
製作之。如白居易《紅線毯》：「一丈毯用千兩絲。」由語法言之，「一

丈毯」為頓，但讀起來却並不如此。實際上「待伊來更共伊言」及上例皆為「□□□──□──□□□」式，三字尾並未破壞。又「須改狂來斷却顛」句，「狂來」原作「往來」，不當校改，「往來」指交遊，此處特指與惡人交遊。

却再絮衷鴛衾枕，願長與今宵相似。（150頁）

按：「絮衷」原作「緒哀兒」，任校謂：「《破魔變文》有曰：『擬捉如來暢絮情。』『絮衷』二字因此而定。」今核變文，「絮」字乙卷作「怒」，而注〔九〕録前文甲卷有《擬捉如來暢努情》句，「絮」、「怒」、「努」皆為「奴」之假借字（「絮」為「怒」、「努」之形誤），篇內尚有「擬捉如來暢我身」（347頁「來」前原脱「如」字）句，用「我」字，與「奴」皆為第一人稱代詞。「奴」作代詞，變文中頻見，男女尊卑皆可通用，《敦煌變文字義通釋》第一條即已考之。今謂「緒」字宜校作「續」，二字形近而誤。「緒」下「衷」字上似有點，為書手所標刪去符，故不當録；「兒」為「宛」之訛，「宛」為「鴛」之借，而「鴛」下脱一「鴦」字。故此句當可校作「却再續鴛鴦衾枕」，為再續歡會之意。「却再續鴛鴦衾枕，願長與今宵相似」，句法與〔0011〕首同調「願四塞來朝明帝，令戍客休施流浪」同，皆上三下四結構。

魚雁山川鱗迹疏，和愁封去書。（174頁）

按：「山川」原作「百水」，或校作「南來」，或校作「由來」，或校作「關河」，或校作「白水」，或謂「百」有「跳」義，「百水」不煩校，任校則改為「山川」，今謂「百」為「趈」字之省，即「騺」字。《龍龕手鏡》：『趈，音陌，越也。今作騺。』「騺」字《說文》釋為「上馬」，但敦煌文獻中多作「穿越」解，為俗語詞。如《韓朋賦》：「魚鱉

有水，不樂高堂。燕雀群飛，不樂鳳凰。」（139頁）「有水」原作「百水」，《變文集》據丙卷校改。其實「百水」即「驀水」。又《王昭君變文》：「驀水頻過及敕戍。」（98頁）「驀水」即穿越水上之意。又《漢將王陵變》：「二將驀營行數里，在後唯聞相殺聲。」（39頁）「驀營」即從營中穿越過去。又如歌辭《酒泉子》：「驀街穿巷犯皇宮，祗擬奪九重。」（438頁）「驀」、「穿」同位，其義甚明。又《獻忠心》：「驀却多少雲水，直至如今。涉歷山阻，意難任。」（673頁）「驀」原作「莫」，省旁字。此外《伍子胥變文》尚有「今日登山驀嶺」句，《維摩詰經講經文》尚有「背真原，驀邪徑」句，等等。由此可證，「魚雁百（驀）水」不誤。「魚雁」為常典，指書信傳遞，不煩舉證；「魚雁百（驀）水鱗跡疏」句中「魚雁」偏於「魚」字，因「魚雁」經常連用而及之。故此句實寫驀水之魚稀疏而喻音書久斷也。

早晚王師歸却還，免教心怨天。（178頁）

按：「歸却還」中「却」字，任校謂：「此字原為肯定加重之助詞，唐語中特別發達，超越常度。」又於舉例「不却活，君須還命」條中謂：「不如訓『却』為『確』。」今謂任校皆未確，「却」為不折不扣之動詞，「歸却還」三字同義連文，「却」亦「歸」也。說詳郭在貽師《訓詁叢稿》157頁「却、還却、却返、却歸、却回、却退、却後、還却歸、歸却還」條。

一笑千花羞不坼，嫩芳菲。（185頁）

按：「一笑」原作「擬笑」。任校謂：「『擬』代『一』乃音變，〔0190〕首又曾以『一』代『擬』，所謂「入派三聲」，詳〔0029〕『寞』字校。此事雖著於金元北曲，其例早見於唐代歌辭。」今核〔0190〕首

「擬共牽牛為夫婦」句，「擬共」原卷實作「共一」。任校先改為「一共」。復以「一」為「擬」之「入派三聲」字，並無實據。如此本身尚屬待證之例，不足以用來證明他例。「一」為影母質韻入聲字，「擬」為疑母止韻上聲字，二字聲、韻、調悉異，決無通假可能，也決無派來派去之可能（「擬」字從手疑聲，不可誤為從「以」聲而與「一」近，此乃常識）。因為「入派三聲」，只是聲調與韻母發生變化，聲母並不改變。倘無實證，「入派三聲」說在校勘中便須慎用；尤其敦煌文獻，皆宋初以前之語言材料，從中仍明顯可看出當時入聲是獨立的一類，否則押入聲韻之詩詞便不應普遍存在。「擬笑千花羞不坼」之「擬」，蔣禮鴻先生校作「凝」，並舉陳簡齋詞句「戎葵凝笑墻東」為證，實較勝。所惜任校棄而不能用。

憶昔笄年，未省離合，生長深閨院。（199頁）

任校謂：「冒本次句作『未曾離閣』。『曾』形雖近『省』，義則大異。『合』亦不能因『閣』而轉『閤』。」按：冒本校「省」為「曾」自誤，然任校謂「未省」與「未曾」二詞「義則大異」，則未確。「未省」有「未曾」之意，其例至廣，如《維摩詰經講經文》：「剜眼截頭之苦行，未省施為；捨身捨命之殊因，何曾暫作？」（595頁）此處「未省」與「何曾」對用，二詞義同，灼然無疑。《敦煌變文字義通釋》有「未省、不省、不省曾、何省、未省曾、不醒、省」條，博引旁徵，打通古今，釋曰：「未曾、沒有。」可為定論。至於「離合」，蔣校據〔0004〕首「幼年生於閨閣，洞房深」句校作「離閣」，似可。此例「閣」字原即作「閤」，不存在「閤」、「閣」不能轉的問題。任校於106頁自謂：「『閤』、『閣』互代，徒亂人意，茲概用『閣』，廢『閤』，以下同。」前後自相矛盾。

閒憑著繡床，時拈金針，擬貌舞鳳飛鸞。對妝臺重整嬌姿面。知身貌算料，□□豈教人見。又被良媒，苦出言詞相誘銜。（**199 頁**）

任校謂：「『擬貌舞鳳飛鸞』，叶平，與二辭通體均以叶仄為主者不符，但論文理，則『鸞』字不誤，應予重視。」按：「鸞」字當非韻腳，「叶平」説恐未安。疑「時拈金針」當作「時拈針線」，「線」與「面」、「見」等為韻。「貌」同「邈」，今作「描」，《敦煌變文字義通釋》有考釋。「擬貌舞鳳飛鸞，對妝臺重整嬌姿面」應作一句讀，指打扮。「知身貌算料，□□豈教人見」，闕文原無，任校臆增。任校謂：「『知身貌算料』句，目前尚難通解。」按此句之所以難解，蓋為「知」字。今謂「知」當為「奴」字形訛。「奴身貌、算料豈教人見」，謂我這等身段容貌，算料起來豈能讓人見了，指五陵年少見了這般身貌必動心。「奴」作第一人稱代詞，不論貴賤男女皆可；「奴」、「知」相誤蓋因「知」似「如」，「如」復似「奴」也。《燕子賦》：「但知更免吃杖。」（251 頁）「知」字乙卷即作「如」。

絲碧羅冠，搔頭綴髻，寶妝玉鳳金蟬。（**221 頁**）

按：「髻」前原有「鬢」字，任校謂：「按搔頭即釵，別在釵雙股耳。亦即『玉鳳金蟬』，甚重，……『鬢』薄，有時鬆如蟬翼，故常稱『蟬鬢』，如何能勝釵重？因此，原寫『髻鬢』二字，『鬢』雖後寫，衍仍在『鬢』，非刪『鬢』留『髻』不可。」今謂「搔頭綴髻」固可，而「搔頭綴鬢」亦有例，非不可能之事。如歐陽修《送鄆州李留後》詩「金釵墜鬢分行立，玉麈高談四座傾。」「墜」通「綴」（本例曲子「搔頭綴髻」，「綴」原即作「墜」）。據任説「搔頭即釵」，則「金釵墜鬢」與「搔頭綴鬢」無異。又〔0027〕首《拋毬樂》：「寶髻釵橫綴鬢斜。」「綴（原作墜）鬢」不可改為「綴髻」，因句內已有「寶髻」二字。由

此例又可明白，「綴鬢」未必是「插鬢」，可以是插在髻上而墜於鬢邊，不然便不應既言「寶髻釵橫」而又言「綴（墜）鬢斜」。

國泰時清晏，咸賀朝列多賢上。播得群臣美。（258頁）

　　按：三句應連讀，「群臣」當讀為「君臣」。「君」、「群」相誤之例甚廣，如《捉季布傳文》：「漢王被罵牽宗祖，羞看左右恥君臣。」（53頁）「君」當作「群」，該篇副標題即有「漢王羞恥群臣、**拔**馬收軍詞文」字。「播得君臣美」指君臣道合，《伍子胥變文》：「子胥治國二年，倉庫盈溢，天下清太（泰）……竟說君臣道合，遠近宣贊，愧賀伍相之功。」（18頁）

願皇壽千千，歲登寶位。（258頁）

　　按：「千千」當作「千萬」。「千千」原作「千二」。「二」並非數目字，通常是作重文號用，但也有作省略符號者。例如《金剛般若波羅密經講經文》：「由如何等唱將將。」（438頁5行）「唱將將」不辭，後一將字原作「々」，形式上與重文號同而作用乃是表示省抄「來」字（「唱將來」為套語）。又有只寫一橫畫以表示省略者，如《難陀出家緣起》：「恰共如一（來）不別。」（400頁）「一」字實非數目字，即「來」字省略標志，因「如來」文中頻見，故省作「如一」。由此可見，「願皇壽千千，歲登寶位」，「千千」原作「千二」當是一個常用詞之省，宜錄作「千萬」。又〔0215〕首《獻忠心》有「願皇壽，千萬歲，獻忠心」句，正與此處相類，故上例應作「願皇壽，千萬歲，登寶位」。

羞煞庭中數樹花。（267頁）

　　按：「煞」即「殺」之俗字，見於《干祿字書》。敦煌文獻中「殺」

多作「煞」，如《叶靜能詩》「擬於大殿內煞淨能」、「卿有何計，與朕煞之」，「煞」、「殺」原卷實皆作「煞」校錄者昧於俗字，遂或誤作「敆」，或改作正字「殺」，前後不一。任校謂：「『舊編』又謂王集改『殺』為『煞』，誤！『煞』是原寫，非王氏改。『舊編』未見原寫，而從所據之誤改『殺』，反謂『煞』是改文，真如盲人瞎馬！」今以任校體例俗字悉改為正字按之，「煞」正應作「殺」，不必自斥。

賺妾更深獨弄琴，彈盡相思破。（285頁）

任校：「『破』義雙關：既示所彈乃大曲入破，又志被賺者心情，時恐遇人不淑，而良緣難遂。《相思》大曲信必盛行於開天。因王維詩『紅豆生南國』四句，已為《相思子》曲調之歌辭。《相思子》之聲，乃《相思》大曲之摘遍，而摘遍之形成僅稍後於大曲而已。雖曲之盛於何時者，並非即限於何時，但若聯繫〔證無為〕調，間接得來作辭時代之傾向，則此所彈之曲名《相思破》，亦可作為盛唐因素之一，而互相補充作用。」按：「破」字意義雙關說未確。《樂府詩集》載《懊儂歌》，《古今樂錄》曰：「《懊儂歌》者，晉石崇綠珠所作，……宋少帝更製新歌三十六曲，齊太祖常謂之《中朝曲》，梁天監十一年，武帝敕法雲改為《相思曲》。」王維「紅豆生南國」詩形式上與《懊儂歌》（《相思曲》）皆五言四句，故難以說成「乃《相思》大曲之摘遍」。又《詞譜》收有《相思引》詞牌，又有《琴調相思引》等四種異稱，却無《相思破》之名。敦煌歌辭中亦別無他例。今謂「破」與「盡」皆因句法需要作「彈」之補語。「彈盡相思破」即「彈盡、彈破《相思》」之意。此種「俗句法」前賢未甚注意，其實亦頗有其例，如《漢將王陵變》：「斫破項羽營亂」、「斫破寡人營亂」；《壇經》：「打破煩惱碎」、「除却從前諂誑心永斷」；《太平廣記》卷二四三「竇知範」條：「桑枝打傷

頭破」；岳飛《滿江紅》詞：「踏破賀蘭山缺」。岳詞「缺」字林庚、馮
沅君《中國歷代詩歌選》釋為「缺口」，蓋為不知句法也。此種句法動
詞後總是跟一個形容詞性的補語，構成動補式詞組，然後接受事實賓
語，再然後以一個與前面的補語意義相同或相近的形容詞足句。此類
後綴補語看似多餘，而其實很有加強語氣的作用。

芳林玉露催，花蕊金風觸。永夜嚴霜萬草衰，搗練千聲促。（293頁）

　　任校：「『舊編』改『催』為『摧』，誤！……因露之天功在養，
在催，無肅殺之『摧』。所寫是由春徂冬，而包夏秋在內，不能看作露
霜同降。小辭幅窄，凡寫景物，僅能概括，不能鋪敘。」又：「梁元帝
《纂要》：『春木曰「華樹」，亦曰「芳林」。』肯定『芳林』是春，曰
『摧』不得。……」按：此說未安。「芳林」誠所謂「春木」，然春木至
秋日為玉露所摧，正與下句「花蕊」為金風所觸一致，皆寫秋事。「玉
露」多指秋露，如任校自舉之初唐韋安石詩「金風飄菊蕊，玉露泫萸
枝」，「金風」即秋風，眾所共知；「菊蕊」、「萸枝」皆重陽節時物，
而以「飄」、「泫」言之，則「玉露」難言為「春露」。又如南朝徐陵《為
護軍長史王質移文》：「比金風已勁，玉露方圓，宜及窮秋，幸逾高
塞。」唐杜甫《秋興》：「玉露凋傷楓樹林，巫山巫峽氣蕭森。」「玉露」
皆指秋露。尤其「玉露凋傷楓樹林」句「凋傷」二字最足以說明「芳
林玉露催」之「催」宜校作「摧」。《太子成道經》：「煩惱叢林任意摧。」
正用「摧」字。又此曲名為《喜秋天》，正用曲牌本義。故「玉露」、「金
風」、「嚴霜」、「搗練」四句全寫秋事，任校以首句寫春、次句寫秋、
複次又寫冬，實未確。

誰家臺榭深，嘹喨宮商足。暮恨朝愁不忍聞，早晚離塵俗。（295頁）

　　按：「俗」原作「土」。任校謂：「從音韻言：『俗』與本辭之『足』及前辭之『觸』、『促』，均在燭韻。正合。『土』則姥韻，其入聲又為鐸，與燭不叶。故以『俗』易『土』，正以叶易不叶也，無疑。或校作『出』，形近，〔0478〕：『身心無知如灰土』，原本『土』正寫『出』。惟在此辭，離塵而出，究竟出向何方？意未安。」今謂「土」改作「俗」，證據不足。二字形、音、義皆無任何聯繫，難以互代，讀者恐未必「無疑」。倘以韻例而言，校作「出」亦可。「出」為術韻，「足」為燭韻，二韻雖較少通押，但俗文學作品中異韻通押却多有其例。如《伍子胥變文》：「妾家住在荒郊側，四迴無鄰獨棲宿。⋯⋯」（9頁）「宿」為屋韻，「側」及省略部分之「色」、「食」、「識」皆為職韻；屋韻與燭韻為同一韻類，職韻與術韻為同一韻類，故「側」、「宿」可通押，則「出」、「足」亦可通押。「早晚離塵出」謂幾時出離塵俗，「塵」指「塵俗」乃其常義。

塞北征戰幾時休，罷風流。（311頁）

　　按：「北」原作「元」，饒宗頤先生校作「原」。任校謂：「按〔0803〕『北』訛為『几』，知『元』乃『北』之形訛，非『原』之同聲，萬通不過。」今謂「元」校作「原」固未甚確，改作「北」則亦恐未安。「元」應讀為「垣」，「塞垣」為詞，即指塞外。《李陵變文》：「鎧甲弓刀渾用盡，情願長居玉塞垣。」（91頁）此即寫李陵投降單于事，「玉塞垣」即指塞北，「玉」為諂諛之詞。

輪寶劍，定攪槍。（313頁）

　　按：「輪」字王重民先生錄作「輸」，誤。然任校亦未有說，今考

《破魔變文》：「慚愧刀而未舉，鬼將驚忙；智慧劍而未掄，波旬怯懼。」（348 頁）又：「槍未盤而自折，劍未掄而刃落。」（349 頁）「掄」與「舉」、「盤」對用，則「掄」當即「掄」。《龍龕手鏡》：「掄，音輪，手轉也。」然「掄」作揮舞解之例較晚見，《辭源》僅舉得元曲中之例；《說文》、《廣韻》皆釋「掄」為「擇」。敦煌文獻中此義通常皆作「輪」而不作「掄」，且由「盤」、「輪」對用例推測，當是先有「輪」、後有「掄」，由從車旁表示轉動而變為從手旁表示動作。

此時模樣，算來似，秋天月。無一事，堪愁悵，須圓闕。（324 頁）

按：「似」原作「是」，不煩改。「算來是，秋天月」，此為暗喻，若改「似」則為明喻。又 S.7111 卷背面亦抄此曲，亦作「酸（算）來是」。

今世共你如魚水，是前世因緣。兩情準擬過千年。（337 頁）

按：「準」字任校謂原作「弤」今謂此字當為「丟」之訛，即「祇」字。「祇擬」與「準擬」義同，即打算、準備。〔0089〕《酒泉子》：「驀街穿巷犯皇宮，祇擬奪九重。」即其例也。

恨狂夫，不歸早，教妾實在煩惱。（346 頁）

按：「實」字甲、乙卷皆空缺，丙卷作「思」。任校謂：「『思』……當亦可與『實』作同音替代。實例如《五更轉》〔1026〕有『原貫』二字，在列 1363 始作『願實』。繼仍抹去，旁註『原是』。〔1027〕有『實福田』，許書作『是福田』。《父母恩重經講經文》前云：『前來十恩中，第一懷胎守護恩』，後云：『為人不解思恩德，反倒父孃生五逆』，此『思』字原文亦可能是『十』，參看〔0298〕校。按舊說『入聲收尾消

失』之實質，即『入派三聲』耳，事甚簡單。」今謂「實」、「思」二字聲、韻、調悉異，不可通假。「思在」當作「思存」，同義連文，即思念存想。《敦煌變文字義通釋》有「在思、思在」條，謂「思在」應是「在思」之倒文，然例猶未廣；又論證「思存」為同義連文，甚確。任校所舉「入派三聲」數例，皆不足為據。例一「貫」一作「實」，蓋「實」字下半為「貫」，應屬形誤；又改為「是」，蓋「實」字或可寫作「寔」，下部亦同，故仍屬形誤。例二同例一後一條。例三則純屬誤解文義，查原文（692頁）「為人不解思恩德」前尚有「此者並是辜恩負德，五逆之人。不思養育深恩，不念劬勞大德」句，後尚有「不思十月懷胎（按：原文實作「躭」）苦，不念三年乳哺忙」句，「思」字即思念之義，斷難校作「十」。

悔嫁風流婿，風流無準憑。攀花折柳得人憎。夜夜歸來沉醉，千聲喚不應。回覷簾前月，鴛鴦帳裏燈，分明照見負心人。問道些須心事，搖頭道不曾。（353頁）

按：「些須」原作「與須」。任校謂：「『些須』從盧本及唐校改；王集作『與項』；劉書、饒編均守『與項』，而不云所以。孫本『問道』句作『問須道與須心事』，愈趨愈遠。」今謂「些」、「與」二字形、音、義悉異，難以通假或訛誤，且文義亦前後不貫。校「須」為「項」亦未是。此「須」字當為「酒」之形訛。「問道與酒心事」與前片「夜夜歸來沉醉」恰可互證。「酒」、「須」之所以相誤，蓋因手書「須」作「湏」，與「酒」極其相似也。如《韓朋賦》：「苦酒侵衣，遂脆如蔥。」（140頁）句中「酒」字丙卷即作「須」。又如《茶酒論》，丙卷即誤作《茶須論》：篇內有「萬物須水，五穀之宗」句，「須」字甲卷又誤作「酒」。又如王梵志詩《尊人與酒喫》：「尊人與酒喫，即把莫推辭。」

「酒」字原卷作「須」，丁五本乃作「酒」（據張錫厚《王梵志詩校輯》，
下同）；《飲酒妨生計》：「飲酒妨生計，拷蒲必破家。」「酒」字丁丁四
本作「須」（校記未出，茲據原卷）。例多不勝枚舉。「酒」、「須」如
此頻頻相誤，可見絕非偶然。「問道與酒心事，搖頭道不曾」蓋寫追問
風流婿（婿即夫婿、丈夫）與飲酒沉醉相關之攀花折柳隱秘，風流婿
搖頭否認。

蟋蟀哀鳴階砌下，恨長宵。（391 頁）

任校謂：「『夜鳴』改『哀鳴』，從王佩諍校。形聲俱近，較是。」
按：原卷「夜鳴」義本可通，且與「長宵」相應，故不煩改。

昨朝為送行人早，五更未罷金雞叫。相送過河梁，水聲堪斷腸。（393 頁）

任校謂：「『鴻』改『河』，用向柳溪校；夏承燾、饒宗頤校『鴻』
為『虹』，與王集之存『鴻』不改，皆認為聲近之訛。」按：「鴻」與
「河」同聲不同韻，未見通假之例。夏、饒二先生校作「虹」，是。「虹
梁」在古籍中一指屋梁，一指橋梁，蓋以虹喻梁也。如姜夔《白石道
人歌曲》卷四《惜紅衣》：「虹梁水陌，魚浪吹香，紅衣半狼藉。」此
「虹梁」即指橋梁。《燕子賦》：「卜勝而處，遂託弘梁。」（249 頁）「弘」
字乙卷作「洪」，皆為「虹」之假借字，「虹梁」在此指屋梁。「燕託虹
梁」已為常典，《樂府詩集》中用例實夥。

駐馬再搖鞭，為傳千萬言。（393 頁）

任校：「『馬』下原衍『處』，非襯，饒編以為襯，難通。使『馬』
下當襯『處』，『相送』下、『水聲』下亦何嘗不可襯『處』？知其不然。

惟『馬』下何以衍『處』？尚難解釋。」按：如不考慮句式，「處」字
於文字無礙。蓋「處」字除指處所外，尚多用以指時間，王鍈《詩詞
曲語辭例釋》[2]「處」條已詳加考釋。如〔0007〕首《天仙子》：「滿樓
明月夜三更，無人語，淚如雨，便是思君腸斷處。」「腸斷處」即「腸
斷時」。

**雲水客，書劍十年功積。聚盡螢光鑿盡壁，不逢青眼識。終日塵驅役
飲食。□□淚珠常滴。欲上龍門希借力，莫教重點額。（394頁）**

按：原卷「劍」寫「見」，任校恐未確。「劍」為咸攝字，「見」
為山攝字，收音分別為 m、n。二收音在敦煌文獻中雖有相混之例，但
基本上還是各自獨立的，而「劍」、「見」未見相代之例。今謂「見」
當為「硯」之誤脫偏旁，因全曲皆寫書生讀書求仕，並未寫「劍」。如
「聚盡螢光鑿盡壁」即用匡衡鑿壁偷光勤讀書之典，「欲上龍門希借力」
即用「鯉魚躍龍門」喻中第之典。又「終日塵驅役飲食」句費解，當
於「終日塵驅役」下斷句，「飲食」屬下句。

金殿選忠良，合赴君王意。（397頁）

按：「赴」應讀為「副」，「符合」、「相稱」之意。《晏子賦》：「且
唇不附齒，髮不附耳，腰不附踝。」（244頁）「附」字戊卷皆作「副」，
其中第一個「附」字丁卷又作「覆」，本片曲子「郁郁覆雲霞」句「覆」
上衍「赴」，可見「附」、「副」、「覆」、「赴」皆可通假。

2　中華書局 1980 年版。

自從宇宙充戈戟，狼煙處處熏天黑。（402頁）

按：「充」原作「光」，王重民先生校為「興」，似較確。「興」字敦煌寫本多與「光」字形近，故誤。

你取硯筒濃捻筆，疊紙將來書兩行。（404頁）

按：「你」字原寫「彳」旁加「念」，當為「捻」之訛。

閑至碧溪垂釣處，月如霜。（412頁）

按：「閑」字原卷作「夜」，任校謂：「『閑』『夜』形近，從王佩諍校改。」今謂「閑」、「夜」形實不近，原卷作「夜」不誤，下句曰「月如霜」，正為夜景。

仕女鸞凰，齊登金座，匡閑階□□專心。懇望轉加新。金絲線織成鴛鳳，□□□□（421頁）

按：「鸞凰」原作「鸞鳳」，所改未安。「鳳」字原殘，擬補似可；「鴛」字原作「鸞」，所改則未安。蓋「鸞鳳」曲子中頻見，為成詞，而「鸞凰」、「鴛鳳」則罕有用例。任校謂「鴛鳳」有《董永變文》「兩兩鴛鴦對鳳凰」例，然此例「鴛鴦」、「鳳凰」各自為詞，不足以證明即可作「鴛鳳」。

太傅化，永保更延齡。（458頁）

按：「太傅」乙卷作「太保」，任校謂：「『三公』之制，漢曰司徒，周曰太傅（乙本寫「太保」，顯誤）。」今謂「太保」亦不誤，為張議潮晚年之官銜，其侄張淮深亦承襲之。如P.3270《兒郎偉》第五首：「太保神威發奮，遂便點緝兵衣，略點精兵十萬，各各盡擐鐵衣。」

P.4011《兒郎偉》:「自從太保拜位,千門喜賀殷勤。……因茲太保息怒,善神護我川原。」「太保」皆指張議潮或其侄,不作「太傅」。疑「傅」乃「保」之誤。

開于闐,綿綾家家總滿。奉戲生龍及玉椀,將來百姓看。（463頁）

　　任校謂:「『奉戲』應是于闐道通,伎人來沙州,向百姓獻雜技、幻術。『生龍、玉椀』,皆幻也。」按:「生龍」、「玉椀」謂為幻術名,未有證據。唐校「生」為「金」與「玉」成對,無確證;「椀」或為「枕」字形誤,康駢《劇談錄》載有于闐獻玉枕事。又P.3270《兒郎偉》:「我尚書敬重三寶,共賊世代無緣。……莫愁東路閉塞,開春天使至前。進奉盤龍大錦,綾羅絹綵數般。……六蕃盡來貢獻,驅羊進馬殿前。向西直至于闐,路潤越於鋪綿。進奉珍玩白玉,綿綾雜綵千端。」又:「向西直至于闐,納供獻玉琉璃。」又P.4011《兒郎偉》:「不經一歲未盡,他急（即）逆亂無邊。準擬再覓寸境,便共龍家相煎。又動太保心竟（境）,咋耐欺負仁賢。緝練精兵十萬……未至酒泉山前,他自魂膽不殘。便獻飛龍白馬,兼及綾錦數般。」此數首《兒郎偉》皆寫當時時事,與曲子可互參。其中「便獻飛龍白馬」可證「生龍」當指好馬;「進奉珍玩白玉」、「納供獻玉琉璃」等可證「玉椀（枕?）」確為玉器。故「生龍、玉椀皆幻」說未確。「奉戲生龍、玉椀（枕）」,「戲」乃「獻」形訛或音誤。「戲」、「獻」多有相代之例,如〔0104〕《浣溪沙》:「喜賭華筵獻大賢,歌歡共過百千年。」「獻」字甲本作「戲」,乙本作「喜」,蓋先誤作「戲」,又誤作「喜」也。又如《妙法蓮花經講經文》:「同寶積之所陳,似純陀之所戲。」（505頁）「戲」當作「獻」,與「陳」相對。《敦煌雜錄》所收社文:「持珠翠而施眾僧,奉金鈿而戲賢聖。」「施」與「持」相照應,「戲」與「奉」

相照應，「戲」當作「獻」。又王梵志詩：「雙陸智人戲。」「戲」一本誤作「獻」。以上數例，皆任校所引，所惜在後者得校而在前者反未得校。

但□阿郎千秋歲，甘州他自離亂。（463 頁）

任校謂：「『但』之下一字可補『祝』、『得』等。」按：補「願」字較近真。P.3270《兒郎偉》「但願尚書萬歲，共賊世代無緣。」「尚書」、「阿郎」及前文所校「太保」等皆指張議潮或張淮深，本曲子即有「尚書座客□典」句。任校又謂：「百姓飽看幻戲，上下恬嬉，遂忘甘州之尚在離亂，歌人諷喻，大有微詞！」按：此說與史實不合。據P.3270《兒郎偉》「太保神威發憤，……直至甘州城下，回鶻藏舉無知。……向西直至于闐，納貢獻玉琉璃」，則先平定甘州，再向西平定于闐，此曲子既然首句便點明「開于闐、綿綾家家總滿」，末尾則不應言甘州尚在離亂之中，故「甘州他自離亂」恐非任校所說之意。又任校引《張義潮變文》：乞□（猶云某某）承阿郎萬萬歲，夫人等劫石不傾移並非「某某」，而是「某乙」，《敦煌變文字義通釋》有詳考；「□」原卷實作「口」，並非闕文。

曹公德，為國拓西關。六戎盡來作百姓，壓壇河隴定羌渾。雄名遠近聞。（470 頁）

按：任校「關」下小字注曰：「讀如鶡。」此乃以「關」叶「渾」、「聞」而改讀。今謂「叶音說」欠安，且「關」屬見母，「鶡」屬溪母，有送氣不送氣之別。

腰間寶劍常掛，手裏遮月恒張。一去掃除蕩陣，為須歌樂還鄉。（480頁）

按：「常掛」原作「長拔」，不當校改。「長」義同「常」，不煩舉證；「拔」與「張」相對，二句蓋即「劍拔弩張」之意，若改「拔」為「掛」則與文義不合。又「蕩陣」任校謂或為「蕩盡」之訛，是。「盡」、「陣」多有相代之例，如〔0106〕《望遠行》：「馬蹄到處陣雲消。」「陣」原卷即作「盡」。又如《捉季布傳文》：「藏隱一餐停一宿，滅族誅家斬六親。」（58頁）「斬」字乙、己二卷皆誤作「陣」，而原卷先誤作「陣」，復旁改為「盡」。前者為形誤，後者為音誤。

教他耶娘，甚處傳書覓。（482頁）

按：「娘」字原卷作「孃」，任校改之未妥。唐人「娘」指妻子，「孃」指母親，二字義別。敦煌文獻中二字雖有混用之例，但仍屬音誤。任書既以繁體排版，正應依原卷照錄而不應改為「娘」。又如〔0305〕「阿娘不為己身」，「娘」各卷皆作繁體，任校反而改為簡體。

路上共君先下拜，遇藥傷蛇口含真。（485頁）

按：「遇藥」原作「如若」，校改未確。「如若」為同義連文，即「如同」、「像似」之意，不是「如果」。此二句言：路上遇見你的話我一定下拜，就如同典故中所說受傷之蛇遇恩人封瘡獲救後口銜珍珠報恩一樣。任校謂：「『藥』與『若』同屬藥韻，而聲母分屬喻日，其互代之例亦非羅氏《方音》所曾及。但僅在曲辭實際音變互代之中，已可取得五對：〔0129〕『爐』『於』一對，〔0305〕既有『榮、由』，又有『任、由』，〔0818〕及〔0830〕則各有『與、如』一對，更有『遊、柔』一對。其中『榮』、『任』、『與』皆喻母，『由』、『如』、『柔』皆

日母，……」今核上列五例，第一例見於〔0130〕首而非〔0129〕，原文：『神方求盡願為丹，夜深長舞於前。』任校改「於」為「爐」，未確。且「爐」屬來母，與上面論證日喻二母可通無涉。第二例原文：「阿孃不為己身，榮他造業自難陳。」「榮」當讀為「容」，任校改作「由」，未確。且「榮」、「由」皆喻母字，任校蓋以現代漢語普通話來讀「榮」字，故以為是日母字，造成音韻常識錯誤。此例「榮（容）」或「由」又有作「任」者，義各有適，任校以「任」為「由」之借字，未確。第三例〔0818〕原文：「妾亦憤與對秋風。」校「憤」為「情」，可；校「與」為「如」則恐未確。〔0830〕原文：「妾心恨與對秋風。」任校改「與」為「如」，亦恐未確。疑二例「與」皆應讀為「已」，因詠季夏，故曰「已對秋風」。又二首中無「遊」、「柔」互代例，任校引文未核準。又任校謂「任」為喻母，「由」為日母，皆誤。故「如若」與「遇藥」通假之説證據不足。

莨菪不歸鄉，經今半夏薑。去他烏頭了血傍，□他家附子豪強。父母依意美長短，桂心日夜思量。（503 頁）

任校：「按『半夏薑』或指早薑，猶『半夏稻』之稱，俟考。」今按「半夏」與「薑」為二物，皆藥名，正合此首藥名曲子要求。「薑」之謎底乃「強」（彊），「半夏強」隱「半個多夏天」之意。「莨菪」諧「浪蕩」。「烏頭」亦藥名，其根為「附子」（諧「富子」）。「去他烏頭了血傍」，「了」字疑當作「與」，「血傍」疑亦藥名之訛，「傍」可通「蒡」。「□他家附子豪強」，闕文原寫「弓」，疑為上字「傍」之重文號，「傍他家附（富）子」（隱依傍富子之意。「家」為襯字，「豪強」前疑脫一「逞」字或其他近義詞。又「父母依意美長短」，任校「意美」連讀為「薏米」，恐未確。「依意」應連讀，似即「薏苡」之訛；「美」通

「每」。「長短」應作「短長」，此曲句句入韻，「長」為韻脚。中草藥有名「續斷」者，疑「短長」亦藥名。

五蘊山，山中一室空。來來去去不相逢。一生身，任舍住，至今不識主人翁。（512頁）

　　按：第二「山」字當因誤書重文號而衍，此句應校作「五蘊山中一室空」，成七言。

勸君學道莫言説，言説性恒空。（513頁）

　　按：「性」字原文甲、乙二本皆作「行」，似不應校改。「行」指修行，「言説行恒空」謂言説則修行永無結果。

不見堂上百年人，盡總化微塵。（515頁）

　　按：「微」原作「為」，不煩改。任校引例即有「萬劫同今日，一盡化為塵」句。

神方求盡願為丹，夜夜長舞爐前。（521頁）

　　按：原卷「夜夜長舞爐前」為首句，不當顛倒，書手抄寫時整句誤倒者可能性較小，又依辭意亦應「夜夜」句在前。「爐」原卷作「於」，二音聲母無相通之例，且「長舞於前」義可通，故不當校改。

（原載《敦煌研究》1990年第2期）

《敦煌歌辭總編》評議

　　任半塘先生的新著《敦煌歌辭總編》，已於 1987 年 12 月由上海古籍出版社出版。《總篇》共收辭一千三百餘首，都一百十萬言。誠如書背提要所説，「是目前這方面收羅最廣、用力最勤的一部巨著」，書中對歌辭所作的考訂、論述，「反映了敦煌學研究的最新成果」。可以預見，此書對敦煌學（尤其是敦煌語言文學）必將產生巨大的推進作用。因為無論是此書的成就還是存在的問題，都會引起讀者的興趣，或吸收之，或商榷之，都是有益之事。

　　我們於《總編》，盥手奉讀之餘，略有一些感想和疑問，瑣記如下，聊供讀者參考。

一、《兒郎偉》是否是歌辭，為何不收

　　《總編》凡例第二條曰：「凡屬敦煌寫本內之歌辭均收。大宗宗教歌辭並網羅無遺，以利於完備體裁，亦便於匯總批判。」這個指導思想很好，我們完全贊同。以往各編之所以收辭的數量無法突破，就是因為存有偏見，取捨太嚴。但是什麼是「歌辭」？任先生似乎未予強調

　　説明，凡例第一條謂以「唐曲子」、「唐大曲」取代「唐詞」之稱，則「歌辭」似即「可歌之辭（詞）」的意思。今披《總編》辭目，凡是《百歲篇》、《五更轉》、《十二時》以及《酒賦》（擬名《高興歌》）、《五七言情詞》、《五七言禪詩》等皆在網羅之例，則「歌辭」含義確當如此。今讀《總編》第699—700頁三首《失調名》歌辭，任先生謂：「王目（指王重民《敦煌遺書總目索引》）謂此卷『六字句，似為《兒郎偉》慶祝軍功用』，亦未必。因《兒郎偉》於歲終驅儺或扮鍾馗捉鬼時，頌揚軍功、治化，都是技藝人之口氣；此辭則用百姓口氣。所頌且已在軍功之外，非《兒郎偉》所曾有。第一首修辭雅峭，更不似《兒郎偉》風格。」今按任説未確，敦煌所存一切《兒郎偉》作品皆為百姓口氣，因《兒郎偉》大多數用於民間歲終驅鬼遊戲時，少量用於建築上梁時和婚娶障車遊戲時。三方面內容（其他內容在敦煌所存十多個卷子中未見，文人作品亦無超出此三類者）都是地地道道的民俗活動，《兒郎偉》創作者和歌唱者皆為下層百姓，不當謂之「技藝人之口氣」（按技藝人實亦百姓。任氏區別待之，與其文藝觀點不合）。又從三首歌辭（原為一首，任氏乃析為三首）的內容看，與其他《兒郎偉》作品實無明顯區別，因為這種歌辭，一般總是先説一下「歲終驅儺」之類的話，然後歌頌「太保」（張義潮或張淮深）之功德，如明確標有《兒郎偉》的P.3270，其第五首：「蓋聞二儀交運，故制四序奔馳。若説迎新送故，兼及近代是祗。總交青龍步（部）領，送過蔥嶺海隅。敦煌神砂福地，賢聖助於天威。災病永無侵遶（撓），千門保願安居。皆是太保位分，八方懼伏同知。河西是漢家舊地，中隔殮犹安居。數年閉塞東路，恰似小水之魚。今遇明王利化，再開河隴道衢。太保神威發憤，遂便點緝兵衣。略點精兵十萬，各各盡擐鐵衣。直至甘州城下，回鶻藏舉（弄）無知。走人樓上乞命，逆者入火墳（焚）屍。大段披髮投

告，放命安於城除（池）。已後勿愁東路，便是舜日堯時。內使新降西
塞，天子慰曲名師。向西直至于闐，納供獻玉琉璃。四方總皆跪伏，
只是不絕漢儀。太保深信三保（寶），壽命彭祖同時。[1] 由於 P.3702 卷
首殘（存「太平」二字），任氏遂謂非《兒郎偉》歌辭，其實與上錄之
詞有多少不同？任先生將殘題之《兒郎偉》納入「歌辭」，而將十多個
卷子數十首《兒郎偉》作品摒棄在《總編》之外，顯然不合編選的指
導思想。因為這些《兒郎偉》作品大多數在末尾明確標明「音聲」二
字，即表示是入樂的，與「歌辭」的要求完全相合。任書既曰「網羅
無遺」，似不應摒棄不收《兒郎偉》（據上引任氏之語，任先生是完全
知道有《兒郎偉》存在的）。

二、逕改原文的利弊

　　凡例第四條曰：「此編目的不在傳達敦煌寫本原有之全部面貌，而
在追求原作者心上原辭應屬之格調與應表之文字。讀者必須循此以
求，庶幾有得。惟因依據未充，學識未逮，致揣摩失當，去原作尚有
距離處，當陸續補訂校正。至於敦煌寫本之原貌。已在每辭之後作全
部介紹，都無遮掩與遺漏，可就原本充分對照。」又第廿四條曰：「或
仿錄全文，或選錄別字、異體。……雖極意依樣葫蘆，所得終不及原
本正確。」廿九條曰：「此外，在歌辭著錄間肅清任何注字或符號等，
以醒眉目。」我們覺得任先生的努力是可喜的，出版社能夠刻寫大量鉛
字也是難能可貴的。但由於任書「合歌辭與理論為一編」，排比資料甚
備，加之任先生對原文校改極多，正文內毫無符號標註，往往一首短
短的歌辭必須將全部附加材料讀完才能搞清原文，有時即使讀完也還

1　此首《兒郎偉》周紹良先生《敦煌文學〈兒郎偉〉並跋》（見文物出版社 1985 年出版
　　的《出土文獻研究》）亦曾輯入，但有近二十字作缺文或誤錄，今悉據原卷改補，不
　　復一一說明。

是搞不清。因為大多數歌辭《總編》並未原文照錄，只是出校別字、異體，讀者較難對照。這樣，本來想要「醒眉目」的，實際上卻把人搞糊塗了。尤其是有些字，校者本人並無把握，寧加校改而不留原文，給讀者一個先入之見。這對繼續校正原文是弊多益少的。如〔0038〕首：「十四十五上戰場，手執長槍。低頭淚落悔喫糧，步步近刀槍。昨夜馬驚轡斷，惆悵無人攔障。險徑（下缺）」辭中「攔障」原文實作「遮爛」，任校謂：「『攔障』乃據《文殊問疾變文》『要去如來不攔障』改。惟因此亦構成平仄通叶，是否原作所有，是問題。」由於原卷殘，我們無法推知末兩句真貌，任氏雖改而亦難自信。如此之處，我們覺得還是照錄原文好，何況「遮爛（攔）」義本可通，改「攔障」毫無意義。此外，對於許多無確鑿證據的校改，我們也覺得有些欠妥。因為這本來完全可以通過註腳來說明校改意見。如〔0001〕首「月下愁聽砧杵起」句，「起」字甲、乙、丙三本皆作「擬」，任氏改作「起」而舉不出任何「擬」、「起」互代之例，只拿「起、豈」、「氣、去」等毫不相干的例子來證明。對於這樣的校改，我們認為可以提出來，但宜放在註腳中，不宜逕改原文。否則，讀者一旦「醍醐灌頂」，便很難改變成見。尤其有不少選本將以此為依據，若完全採用《總編》錄文，難免有以訛傳訛之失。

　　三、「入派三聲」、「三聲還入」是否普遍現象，如何應用於校勘

　　任先生在《總編》中處處強調方音的研究和應用，並且解決了不少問題。但任先生尤其強調並廣泛應用於校勘的「入派三聲」說和「三聲還入」說，我們覺得有值得注意的地方。（一）先秦是否已「入派三聲」，任先生說「敢問：類《詩・大雅・抑》曾以『樂』『虐』『藥』叶『昭』『懆』『蓊』『教』『耄』等字者，果確有其事否？能於否認其為『入派三聲』耶？」（37頁）今按《抑》中無「藥」字，任氏誤增；

「薂」字據王力《詩經韻讀》當為入聲字。在《抑》中，入聲字確與非入聲字（一般是去聲字）通押，別的詩中也能找到一些。但這能否說明入聲在先秦已派入三聲，或是入聲既可派入三聲、三聲又可還歸入聲？王力先生在《詩經韻讀》中認為，段玉裁「上古無去聲說」是基本上靠得住的，上古有「短入」、「長入」之分。「長入」後來轉為去聲。[2] 王先生的說法現已為不少人接受。我們認為也是正確的。因此，在《抑》等詩中，很可能是長入與短入通押，而不是「入派三聲」。更何況這樣的例證在《詩經》中只是少數，是特殊的情況。在《詩經》中入聲仍然是獨立的。至於「叶韻說」，乃是朱熹的一種錯誤觀點，我們不應繼續沿誤。（二）任先生「三聲還入」說的一條重要例證是〔0016〕《浣溪沙》「一笑千花羞不坼」句，「一」原作「擬」，任氏曰：「以『擬』代『一』乃音變；〔0190〕又曾以『一』代『擬』，皆所謂『入派三聲』。」又第 39 頁表格中說：「先由『一』訛『擬』，再訂『擬』還『一』。」並於「方音性質」欄內標明「去聲還入」四字。今按「一」、「擬」二字，聲、韻、調悉異，似無派來還去之理。「擬」字蔣禮鴻先生校作「凝」、「凝笑」有例，似較確。至於〔0190〕「一共牽牛為夫婦」句，「一」字任氏校作「擬」，亦未必是。倒很可能是「欲」字之音近借字，因為常見的「欲似」一詞，有時可寫作「一似」。在一種方音中，一個並非多音字的字隨便轉來轉去，那將必定造成語音的混亂。對於這樣的聲、韻、調都不相同的字作校改，必須有確鑿的證據始可。（三）「入派三聲」在唐、五代是否是普遍現象？據任先生的說法是肯定的，而且貫穿自上古以還整個歷史進程。然而我們在核對

2　此說為王力先生一貫主張，如《龍蟲並雕齋文集》第三冊《古無去聲例證》篇即舉有以千計的例證來「證明段氏古無去聲之說是正確的」。

《敦煌變文集》、王梵志詩等的各個傳寫本的縮微膠捲過程中，並未發現大量例證，相反，以前被人認為是「入派三聲」的某些字（如「史」、「失」）却被查明純屬字形問題，不少與音韻無關。其中相當大一部分，如「避、劈」、「意、臆」、「騖、慕」、「卓、掉」、「富、福」等，皆有一半字形相同，也很難説不是字形關係。一部分如「覺」、「覆」等乃多音字，也曾被人拉來作「入派三聲」之例。還有一些如「飲氣」之「氣」、「兒逆阿爺」之「逆」等，義本可通，却被校改為「泣」、「憶」。純屬誤錄之例亦不少，如《韓擒虎話本》（202頁）：「處分左右，令交托（拖）入。」「托」字原卷實作「把」，「把入」一詞文中數見，《變文集》誤錄為「托」（入聲字），然後校作「拖」。此等之例，自然毫無例外地被人們拉來作為「入派三聲」的證據了。最能説明問題的是《孔子項託相問書》，現存十一個寫本，大量異文表明當時西北方音止攝、遇攝不分，東鍾韻可代庚青韻，等等。然而「入派三聲」之例則罕有。因此我們認為，入聲在唐、五代西北方言中仍然是獨立的一類。「入派三聲」並非普遍現象。（四）由於「入派三聲」並非普遍現象，所以在校勘應用中就必須加以輔助論證，舉出可靠的例子。我們覺得《總編》在舉例證明方面確已作出很大努力，但有些例證却經不起推敲。下面試舉例剖析之。例一：「燕語鶯啼驚覺夢。」〔0006〕「覺」字原作「教」，任氏謂：「『覺』與『教』乃入派去聲。」按：「覺」自來便有去、人二聲[3]，不得謂之「人派去聲」《總編》第36頁説：「惟字有原備入與非入之二聲者，不可誤會混淆。」然而同頁下文任氏即舉上例「覺」字為「人派三聲」之例，前後抵牾（任先生似不至於不知

3　如《世説新語·捷悟》：魏武嘗過曹娥碑下，……乃嘆曰：『我才不及卿，乃覺三十里。』」「覺」字《太平御覽》九十三引文作「較」，可見有作去聲者。又「醒來」義之「覺」亦讀去聲。《廣韻》「覺」字即有去、人二聲。

「覺」可讀去聲）。例二：「正直花開誰是主。」〔0007〕「值」甲本作「時」，乙本作「是」，任校曰：「茲據《西江月》〔0178〕王集之校，訂『正是』為『正值』，詳該辭。『是』字與甲本原寫之『時』形聲義俱不近；而〔0013〕『正是』原本又寫『正時』，足見『時』之平聲不可忽。『值』字可以由入派平，便與『時』近。王集於此獨存『正時』之原寫不動，尊重書手之表現甚周，惜於事不求甚解，又不作説明，既不重古之作者，亦未重今之讀者。故尊重書手，應有限度。」今奉任先生「詳該辭」之教，查核〔1073〕首：「乘船正值高秋。」校記曰：「原本『正值』寫『整置』。」「置」與「值」聲符同，王重民先生作校改似可。然而「置」與「時」、「是」相去甚遠，任氏在引證此例時暗改「整置」為「正時」，又不作説明，未免「既不重古之作者，亦未重今之讀者」乎？《總編》作引證時皆引任氏「校正」之語而不引原寫，如上例之「暗渡陳倉」者甚眾，故知非出於一時疏忽。至於「時」、「是」二字「形聲義俱不近」之説，則不符事實。「時」字禪母之韻，「是」字禪母紙韻，聲母完全相同，韻母皆屬止攝，僅聲調不同而已。二字互代之例甚眾，如《醜女緣起》（《變文集》第792頁）：「其是大王處分。」「是」字戊卷（P.2945）即作「時」。「時」字古籍（包括儒家經典）中多可通作「是」，訓詁家類皆知之，何以就「是」、「時」二字「形聲義俱不近」呢？例三：「虛抱身心生寂寞。」〔0029〕「寞」字下任氏注曰：「讀如『帽』。」今按此句據任氏原本録文實作「虛把身心寂寞」，無「生」字，不知任氏是漏抄了呢，還是增補的？書中並無説明。倘「生」字原無，則我們很難肯定説脱字不在「寞」之後。任先生此條下舉有數例來證明「入派三聲」説，但無一例為「寞」讀如「帽」的。即此數例中，我們亦覺得有些靠不住。如（1）「《太子成道經》曰：『助大王喜，合生貴子！』『助』乃『祝』之派去聲。」今按

此例實屬誤會，「助」乃俗語詞，斷非「祝」之「入派三聲」字，否則我們將無法解釋。P.3637《書儀》：不圖凶禍，尊翁婆傾背，奉助哀慕催割。」如果改「助」為「祝」，則大悖文義。（2）「四方巡禮莫辭勞。」〔0394〕「禮」字甲、乙卷寫作「歷」，丙、庚卷作「力」（丁卷任氏未說明）。又：「巡禮之人皆發心。」〔0402〕「禮」字乙、己卷合，餘皆作「力」。任氏謂：「『歷』、『力』代『禮』，皆可視為北音之『入派三聲』。」今按「巡歷」各有其詞，未必為「巡禮」之誤。否則眾多異文中何以無一為上聲之同音字（如「理」）？（3）「〔1047〕天神名作瓶，而寫『澡瓶』，乃入派上聲。」核之〔1047〕首「天王號作瓶」句，校記中並無言及「作」寫「澡」（但記有「瓶」寫「平」條），不知「澡」字何來？該校記又提及〔0372〕首亦有「作瓶」，但該首「作」亦不寫「澡」。其他如謂〔0405〕首以「入」代「如」、〔0878〕首「疏水」之「疏」為「菽」之派平、「朱漆盤中」為「促膝盤中」之訛等例，亦皆有未確處。（4）「教妾實在煩惱。」〔0052〕「實」字甲、乙卷皆空，丙卷作「思」。任氏謂：「實」可入派平聲，故可代以「思」。我們認為這是不可靠的。任氏所舉之例（1）「《五更轉》〔1026〕有『原貫』二字，在列（列寧格勒）1363 始作『實』。繼乃抹去，旁註『原是』。」今按「實」下從「貫」，故與「貫」誤，「貫」、「是」形近，亦可能為形訛。故此例未堅。（2）「為人不解思恩德，反倒父孃生五逆。」（《父母恩重經講經文》）任氏謂：「此『思』字原文亦可能是『十』。」今按「思恩德」不誤，核該篇（《變文集》692—693 頁）前有「不思養育深恩，不念劬勞大德」，後有「不思十月懷胎（按：當依原文作「懷躭」）苦，不念三年乳哺忙」，「思」字含義甚明，決非「十」之入派三聲字。

四、是「訛火」還是俗字

任先生在《總編》第 60 頁〔抵制訛火〕條中說：「敦煌曲之寫本

大都出於民間書手，多是當時被奴役、被剝削者，工作受生活困苦之影響，無法認真，筆下都欠忠實、嚴肅，對字句、章解，每每任意增減、省略，或改寫方音，傳之後代，影響太大，甚至造成文件上災難性之損失，無從估計。本編特目之為『書手之任意性無限大！』隨在告誡讀者。譬如野火，勢已燎原，撲火不遑，何從守護？……在『訛火』前，敢於變革，不存姑息。」我們認為任先生的說法有片面之處。書手雖有種種任意性，但決非「無限大」，有些根本談不上是「訛火」。因為這些書手抄寫出來的東西是要給人看的，總要讓人看懂，這就不能不按照「約定俗成」的原則去抄寫。事實上，在閱讀過一批原卷之後，我們發現其中有許多規律可尋，如改字、補字、勾乙、省略等符號，尤其是俗字的變化，都不是「任意性無限大」的。下面僅就俗字方面剖析一些例子。（1）《總編》第79頁：「敦煌書手每沿六朝遺習，於字化簡為繁。如『亻』寫『彳』……化簡為繁，嘆觀止矣！」任先生對字形多有錄寫、考證，厥功匪淺，「化簡為繁」規律之揭示即為其一。然任先生於第155頁却說：「茲因加強抵制書手之訛火，特就另一部分現象，再為揭露。」所舉之例皆「義」、「健」、「舞」等左邊加「彳」旁者。這就將「化簡為繁」（我們稱之為「增旁字」、「增筆字」）目為「訛火」了。其實增旁字（如上舉「舞」加「彳」旁）、增筆字（如上舉「健」左邊加一筆為「彳」）乃俗字的一大類別，六朝以前就很普遍，唐、五代以後也未消滅，各個時代皆約定成俗，暢行無礙，當時人根本不認為是什麼「訛字」。（2）「魚雁山川鱗迹疏。」〔0014〕「山川」原作「百水」，任氏校改，並由此嘆曰：「知書手之訛火所至，無奇不有。」其實原文「百」字很可能是「赾」的省旁字，同「鶩」，穿行之意。「鶩水」之用例《王昭君變文》即有，《韓朋賦》「魚鱉百水，不樂高堂」例則「百水」與此恰同。「省旁字」亦為俗字之一類，大多數是

省略形旁，以聲旁代替本字，如「憶」省作「意」，或以之為「入派去聲」之例，恐有不妥。（3）「凝穌體雪透羅裳裏。」〔0021〕「穌」原作「蘇」。任氏謂：「『蘇』、『穌』二字原同指一物。《俗務要名林》：『「蘇」，凝牛羊乳，盧桑反。』可見當時俗文字中，原以『蘇』代『穌』，不止曲辭為然。」任說甚是，「蘇」、「穌」二字乃混用字，亦為俗字之一類。對於這種俗字，我們覺得可不必校改，否則將改不勝改，改了便失原有用字習慣。如「羞煞庭中數樹花」。〔0027〕任氏自斥曰：「『舊編』未見原寫，而從所據之誤改『殺』，反謂『煞』是改文，真如盲人瞎馬！」其實「煞」即「殺」之俗字，依任先生改俗為正之習慣，正應改為「殺」而不必自斥「盲人瞎馬」的，因為此字在《干祿字書》中明確標為「殺」之俗字。（4）「眼如刀割。」「移步兩足恐行難。」〔0022〕任氏謂：「『眼』在原本竟寫作『明』，書手雖不學，不至於『艮』、『月』不辨，乃公然惡劣，玩弄『訛火』……『雨』、『兩』乃形訛，但習非成是，歷史已久。」今「眼」、「明（俗字左邊多從『目』）」、「服」三字敦煌寫本中多混用，「雨」、「兩」乃根本不分，此皆為「混形字」，為俗字中又一大類。任氏對此不作理論分析，一概目之為「訛火」，且加「玩弄」二字（書中多有指斥書手故意玩弄訛火者，甚且謂之故意破壞），實恐未當。混形字，尤其是偏旁替代字，在敦煌寫本中乃是普遍現象（具有「趨同性」），讀者當依語境、文義定之，否則往往誤入歧途或膠柱鼓瑟。（5）「還是誃哥哥。」〔0054〕「哥哥」原寫「歌歌」而左邊加「言」旁，為類化字。類化字為俗字的又一大類，或涉上而類化，或涉下而類化，有時四五個字接連類化。任先生對類化字似乎未斥之為「訛火」，但也未能從理論上加以認識，一般只是照描原文而已。此外，《總編》對俗字的摹寫，有不少失真處，一則因為刻工技術問題，二則因為作者描寫不準。例如「門」或以之

為偏旁的，書中皆作「⻖彡」，其實大多應作「⻖氵」。

五、對俗語詞的誤解

歌辭中的大量俗語詞，任先生雖亦解出不少，但仍有許多被曲解、臆改的。如〔0015〕「早晚王師歸却還」句，「歸却還」為三字連文，「却」亦歸還之義，為動詞。[4]任氏對「却」字作了一番考察之後，謂「不如訓『却』為『確』」，實亦未得。又如《十種緣》（766頁）「第一懷躭受苦難」，「躭」原作「耽」，任氏不知「懷耽」為俗語詞（「耽」同「擔」，「懷擔」為同義連文），遂改為「懷躭」，意謂懷孕肚子躭起（任書多處誤校「耽」字，其釋為「拱曲隆起」者見第754頁最後一行），與《變文集》改「耽」為「胎」之錯誤性質毫無二致。由於任書誤解俗語詞者較多，限於篇幅，將另文商榷，此舉一條示例而已。

（本文作於1988年5月，曾在杭州大學首屆青年教師學術研討會上宣讀）

4　詳參郭在貽《訓詁叢稿》第289頁。

輯注本《啟顏錄》匡補

　　曹林娣、李泉輯注的古代笑話專集《啟顏錄》已於 1990 年由上海古籍出版社出版，因為我當時剛寫完《敦煌本〈啟顏錄〉補校》的論文，所以該書一出我就買來對照：看看我補校的問題該書是否都解決。結果令人很失望，但却也讓我放心地把我那篇論文投寄發表去。因為這個輯注本完全照抄了王利器所輯錄的《歷代笑話集》（上海古籍出版社 1981 年出版）中校錄的敦煌本《啟顏錄》，根本就沒有核校敦煌寫本原卷真跡，甚至連該寫本的原編號碼都沒有查出來（因為王錄本只說「敦煌卷子本」、「以上據敦煌寫本」，而沒有標明 S.610 的卷號，所以輯注本自始至終就沒能說明該卷編號出處）。由此可見輯注者雖然已知有敦煌本《啟顏錄》，但可能不懂敦煌學、不熟悉敦煌資料，或者對王錄本過於迷信（王利器先生是中國當代著名學者，他的著作都很嚴謹，但《啟顏錄》的校錄除外）。我本來並不想寫這篇《匡補》，但因為那篇《敦煌本〈啟顏錄〉補校》的只有六千字的短稿先後投寄都未被錄用，所以現在索性重寫，把輯注本的問題也包括進去。

　　輯注本的主要缺點是誤校誤注、漏校漏注（當校而失校、當注而未注）和標點不當等，現按該書頁碼順序、條目順序和校注順序為先後來匡補和商榷，以便讀者覆核。

論難。（P1 標題）

　　〔校注〕（1）論難——原誤衍「辯捷」二字。

　　征按：這個校語抄自王録本。今據原卷作「啟顏録辯捷論難」，表明抄卷人在抄完大標題「啟顏録」三字後，接抄小標題「辯捷」，抄後發現抄錯，於是再寫「論難」二字以示改正。這種不刪除誤字便接寫正確字以示改正的情況在敦煌寫本中極為習見，一種可能是忘加刪字符，一種可能是抄者不願意塗改、刪點卷面以保持整潔，所以「辯捷」二字在抄者心中可能本來就不該有的，與一般的無意中多抄的「誤衍」性質上可能有所不同。

比來每經之上，皆云價值百千兩金；未知百千兩金，總有幾斤？（P1）

　　〔校注〕（13）比來——近來。（14）總——原訛作「揔」，於義不可通。據上下文意訂正為「揔」，「總」之俗字。

　　征按：「比來」一詞既有「近來」義，又有「從前」義，詳蔣師雲從先生《敦煌變文字義通釋》該條考釋。這兩個義項實際上都是指「此前的一段時間」，只是強調的遠、近不同。「比來每經之上皆云『價值百千兩金』」，是説一直以來每部佛經上都説「價值百千兩金」，「比來」指的是那些佛經翻譯以來，而不是近來（佛經不會「近來」才有「價值百千兩金」的話）。又按「揔」與「揔」都是「總」的俗字，説「揔」字於義不通是錯的。不過原卷此字實作「惣」，即「總」之最常見俗字。S.328《伍子胥變文》：臣懼子胥手中劍，子胥怕臣俱惣休。」又：

「捥心並戀（臠）割，九族惣須亡。」《龍龕手鏡》：「摁，俗；，古；捴，今：音惣，普也，皆也，合也，眾也。」「惣」雖標為「占」，其實與「惣」都是「總」之俗字。

高祖又嘗集儒生會講，酬難非一。動箭後來，問博士曰：「先生，天有何姓？（P3）

征按：「後來」在此義為「最後」，為時間副詞，故「後來」下的逗號應刪除。這個標點是從王錄本沿誤而來的。同書第 5 頁第 5 條：「高祖又嘗以四月八日齋會講説，石動箭時在會中。有大德僧在高座上講，道（輯注本誤植為「通」，茲據原卷改正）俗論難，不能相決。動箭後來，乃問僧曰：『今是何日？』」這一條既已言「石動箭時在會中」，則「後來」亦非晚到之義甚明，故「動箭後來問僧曰」八字應連讀。又較之前文「石動笛最後論義」（P1）下文「最在後，有一小兒」（P6）等不用「後來」而用「最後」、「最在後」，則「後來」為「最後」之意愈明。

動箭後來乃問僧曰：「今是何日？」僧答云：「是佛生日。」動箭即云：『『日是佛兒。僧即變云：今日佛生。」動箭又云：「佛是日兒。」（P5）

〔校注〕（4）佛是日兒——動甫故意斷章取義，略去「今」字不論，把「日佛生」曲解成「日乃佛生」，或「日，佛所生」，故云。

征按：此條僅見於敦煌寫本，按照文意推斷「今日佛生」應作「今日生佛」，乃原卷抄手之誤倒。只有作「日生佛」動甫才可能推論出「佛是日兒」的結論。如果按校者所說的「日乃佛生」、「日，佛所生」來理解，那就與前一推論「日是佛兒」相同，而無法推出「佛是日兒」的結論了。

嘉言乃笑而謂曰：『三個阿師，並不解樗蒲，何因共弟子論議？」僧即問曰：『何意論議須解樗蒲？」嘉言即報曰：『可不聞樗蒲人云：『三個禿，不敵一個盧。』阿師何由可得？」弟子觀者大笑，三僧更無以應。（P5 第 6 條）

　　征按：「弟子」是盧嘉言的自稱，故「阿師何由可得弟子」應連讀，意謂阿師何由可勝得我盧嘉言。這條也是由王錄本沿誤而來的。

最後，有一小兒，姓趙，年始十三，即於粟中出。（P6）

　　〔校注〕（6）最後——原本作「最在後」，衍「在」字，據《廣記》、《廣滑稽》、《捧腹編》刪。

　　征按：「在」字可不刪。「最在後」意即在最後，「最」字在表示強調時可以提前。例如《洛陽伽藍記》卷四《城西》：「而河間王琛最為毫首，常與高陽王爭衡。」「最」字用法相近。

小兒精神自若，即來就座，大聲語此僧曰：「昔野狐和尚，自有經文，未審狐作闍梨，出何典誥？（P6）

　　〔校注〕（8）野狐——原本作「野干」，據《廣記》、《廣滑稽》、《捧腹編》改。野狐，意為「野狐禪」……此「狐」與「胡」諧音，兼刺法師為胡人。

　　征按：「野干」不誤，未可輕改敦煌古本。《翻譯名義集》卷二：「悉伽羅，此云野干，似狐而小形，色青黃如狗，群行夜鳴如狼。郭璞云：射干能緣木。《廣志》云：巢於絕巖高木也。」又「《輔行記》云：『狐是獸，一名野干。』……然《法華》云：『狐、狼、野干，似如三別。』《祖庭事苑》云：『野干形小尾大，狐即形大。』《禪經》云：『見一野狐，又見野干。』故知異也。」由這些材料可知野干是類似狐狸的

動物，而《啟顏錄》在「昔野干和尚」之後又説「狐作闍梨」，可見「野干」、「狐」是配對使用的，若改「野干」為「野狐」就與「狐作闍梨」犯複了。

法師即去扇，以如意指麈別送，問並語未得盡，如意頭遂擺落。（P7）

　　〔校注〕（17）問——原本作「關」，據《廣記》、《廣滑稽》、《捧腹編》改。按：「並」字疑衍。

　　征按：敦煌本「關」字不誤，改為「問」反而費解。這幾句王録本作「法師即去扇，以如意指麈，別送關，並語未得盡，如意頭遂擺落」，甚是。「別送關」是説另起一個話頭，「關」是「關子」的意思，決非「問」之形誤字。在《景德傳燈錄》等禪宗語錄常有所謂「禪關」，或「禪機」，就是類似於此的「話頭」。又「並語未得盡」之「並」決非衍文，是表示「連……都……」的關聯詞。

齊徐之才有學辯捷，又善醫術。尚書王元景罵之才為師公，之才應聲答曰：既為汝師，復為汝公，在三之義，頓居其兩。（P9第8條）

　　〔校注〕（2）「尚書」句——《北齊書》作「鄭道育常戲之才為師公」。……師公，廚師的別稱。

　　征按：釋「師公」為廚師，大約是根據《辭源》之類的解釋，引的是宋代吳自牧《夢粱錄》卷十六《分茶酒店》：「凡分茶酒肆賣下酒食品廚子，謂之量酒博士師公。」但《漢語大詞典》「師公」條有三個義項：①廚子。②稱老師的師父或父親。③民間用以稱道教正一派的道士。亦指男巫。」義項③乏例句，其實正可以《啟顏錄》此例補之。王元景所以會罵徐之才為「師公」，是因為他「善醫術」。中國古代醫、巫不分，既善醫術，則等於善巫術，所以被罵為「師公」。師公亦稱為

師巫，如《南史・齊紀下・廢帝東昏侯》：又曲信小祠，日有十數師巫、魔媼，迎送紛紜。」與「師公」相對的還有「師婆」，分指男巫和女巫，如張鷟《朝野僉載・何婆》：大旱，郡府下令，以師婆師僧祈之，二十餘日無效。」本《啟顏錄》第17條亦多有「師婆」之例。

思道應聲答曰：「昔永嘉南渡，盡居江左，今存者唯君一人。」（P10）

　　征按：「渡」原卷實作「度」，下面第11條「思道既渡江」之「渡」原卷亦作「度」。「度」、「渡」古通，如《史記・晉世家》：「晉軍敗，走河，爭度。」敦煌寫本中亦然，如 S.328《伍子胥變文》：「排批（比）舟船橫軍度水。」《敦煌變文集》逕改「度」為「渡」，與此處（沿自王錄本）情況恰同，皆未妥。

思道應聲，還以《觀音經》報曰：「忽遇惡風，遂漂墮羅剎鬼國。」（P12）

　　征按：「應聲」在此作狀語，是「隨聲」、「馬上」的意思，故其下逗號必須刪去。同樣的意思《說郛》、《廣滑稽》作「思道即以觀世音語報曰」，用「即」代替「應聲」，其意甚明。

使人臥問侯白，曰：「汝國馬價貴賤？」侯白即報云：「馬有數等，貴賤不同：若是伎倆有，筋　好，形容不惡，直三十貫以上；若形容粗壯，雖無伎倆，堪馱物，直四五貫以上；若弊尾燥蹄，絕無伎倆，旁臥放氣，一錢不直。」（P13）

　　〔校注〕（7）不惡——王本無，以上標作「若是伎倆有筋腳，好形容」。（9）弊——《廣記》、《廣滑稽》作「彌」，注「音卜結反」。按：「弊」當是「瘥」之音借。瘥尾燥蹄，形容馬的乾瘥瘦弱。

征按：「貴賤不同」以下原卷實作：「若足伎倆，有筋脚，好形容，直三十貫以上；……」王録本誤録誤點，輯注本據誤本校改，越改越錯。「伎倆」為聯綿詞，義存於聲，故可寫作「伎兩」（下「雖有伎倆」、「絕無伎倆」原卷「倆」實皆作「兩」），王録本臆改不足據。至於將「好形容」拆破而增「不惡」，不僅不合原文，而且不合「馬有數等」之意（好、不惡、粗壯，是三個等級）。又「彇」字原卷為左右結構之字，左為「弓」，右半潦草不清，據《太平廣記》則此字似為「彌」（輯注本誤以為是「彌」）之異體「弭」、「𪨗」或「弰」。業師蔣禮鴻雲從先生在《義府續貂》「弭」條中對此有考，略云：彌為弭之誤字，而彌又為弛之俗訛。引《玉篇》：弭卑結、卑計二切，弓戾也。」由弓之戾而引申為尾之戾。由於「彇」與「彌」字形十分相似，所以如果沒有「卜結反」的注音我們便不能區別二字。例如《魏書》卷七七《宋翻列傳》：「縣舊有大枷，時人號曰『彌尾青』，及翻為縣主，吏請焚之。」「彌尾」當即「彇尾」之訛。這個字後來很罕見，而常見「彇」字，當即同一字的異體。「彇尾」是尾巴有病而彎戾，所以讀作乾癟的「癟」並不對。至於「燥蹄」，是説馬蹄燥裂，也是駑馬的特徵。「燥」原卷作「燥」，俗字，王録本改作「㷭」（此為「燥」之又一俗字）

素曰：有人從其借弓，乃云『偈刀去』，豈非借一而得兩？」……白曰：「有人問：『比來多雨，渭水漲不？』報曰『瀰漲』，豈非問一而知二？」（P14）

征按：「揭」字敦煌寫本實作「偈」，不當逕改。「偈刀」是山東方俗語詞，「拿」的意思，因其僅是隨音記字，故字亦作「㩳刀」，如《廣滑稽》本《啟顏錄》此條：「山東亦言『擎將去』為『㩳刀』……有人從其借弓者，乃曰：『㩳刀去！』」又「瀰漲」二字敦煌寫本實作

「霸漲」，亦不當逕改。《廣滑稽》本《啟顏録》此條云：「而關中下俚人言音謂『水』為『霸』，……」字正作「霸」，作為河流，「灞水」本稱「霸水」，例如《水經注‧渭水》：「霸水又左合滻水，歷白鹿原東，即霸川之西，故芷陽矣。」又：「霸者，水上地名也。秦穆公霸世，更名茲水為霸水，以顯霸功。」又「霸」有「長」義，如慧琳《一切經音義》卷八五「霸」字條引《考聲》云：「長也，伯也，居眾之長，方伯之任也。」又有「盛」義，如《文心雕龍‧事類》：「主佐合德，文采必霸。」故「霸漲」也有可能同義連文。

德遂狼狽下階，而走本廳。未坐，便向廁，付笏與從。後番官把笏立於廁門之側，德從廁出，見番官把笏而立，即驚問曰：「公是何官人？」（P15）

〔校注〕（3）從——指隨從的番官。

征按：「付笏與從後番官把笏立於廁門之側」應連讀，並且在「側」下施句號。因此，「從後番官」為詞，釋「從」為「隨從的番官」是不對的。

至田中遂急便轉，因放斧地上，旁便轉訖，忽起見斧，大歡喜曰：「得一斧。」仍作舞跳躍，……（P15第15條）

〔校注〕（4）仍——通「乃」。

征按：「因放斧地上」下應施句號。「仍」是「更」、「又」之意，並非「乃」之假借字。如敦煌寫本 P.2491《燕子賦》：「何為奪他宅舍，仍更打他損傷？」「仍」亦「又」之意。

柳真須臾送客出，廳門，還，遙見此人，大叫嗔曰：「是何物人？敢向我廳邊覓蟲？」（P15 第 16 條）

　　征按：「何物」原卷實作「何勿」，不當逕改。而且「是何勿人」下的問號應刪去，這裏只有一個問句。後文「君是何物人」（P28）、「何物生即喫盡如許棗」（P22）、「此漢是何物體裏」（P22）中的「何物」原卷實亦皆作「何勿」，王錄本未作說明便逕改字，輯注本因而亦沿其非。唐代趙璘《因話錄》卷四「黃幡綽」條：「唐玄宗問黃幡綽：『是勿見得人憐？』對曰：『自家兒得人憐。』」原註：「是勿兒，猶言何兒也。」「是勿」、「何勿」皆即「什麼」之意，字亦作「是物」、「何物」等，「物」字已不再有實詞義，故「何物」不煩校改。

語其子曰：我聞長安人賣奴，……私相平章，論其價直，……」其子至市，於鏡行中度行，……因指麾鏡曰：此奴欲得幾錢？」（P16 第 17 條）

　　〔校注〕（3）直——通「值」。（4）渡——通「踱」。（6）指麾——指點，麾，通「揮」。

　　征按：「直」為「值」之古字，而不是通假字。如《戰國策·齊策三》：「象床之直千金。」「直」由「直接」、「對等」之義引申為「等價物」、「價值」，這個意義後來纔用「值」表示。又「度」與「踱」也是古今字關係，先有「度」，後有「踱」，不能反過來說「度」通「踱」。《漢語大詞典》所收「踱」的例子為《樂府詩集·清商曲辭三·讀曲歌十》中的作品，可見是十分晚的。「麾」與「揮」也應是古今字，「麾」字早在《尚書·牧誓》中已見：王左杖黃鉞，右秉白旄以麾。」這個「指揮」義來源於「麾」的本義「旗幟」，因為旗幟是用來指揮的工具，所以也就逐漸有了「指揮」義。

其父取鏡照之，正見眉鬚皓白，面目黑皺，乃大嗔，欲打其子。（P17）

征按：第二句敦煌寫本原卷實作「正見鬢鬚皓白」，王録本誤，此亦沿誤不覺。

又大嗔曰：癡老公，我兒止用十千錢，買得子母兩婢，仍自嫌貴？」老公欣然。釋之餘，於處尚不見奴，俱謂奴藏未肯出。（P17）

〔校注〕（9）釋之餘——放下（鏡子）以後。（10）於處——指在放鏡子的地方。

征按：這幾句因沿襲王録本之誤而又臆測妄解，所以問題比較多。首先「我兒止用十千錢」，「止」字原卷實作「正」字草書。「正」可作副詞，有「止」義，如《論語・述而》「正唯弟子不能學也。又如《世説新語・自新》：「乃自吳尋二陸，平原不在，正見清河。」故「正」字不得臆改為「止」。又「釋之餘」云云義不可通，敦煌寫本原卷「餘於」二字右側有勾乙號「∨」，表示二字次序應互換。故此處應校點為：「老公欣然釋之。於餘處尚不見奴，俱謂奴藏未肯出。」「老公欣然釋之」是説老公因妻之言而釋憾，「於餘處」則是在別處之意。

皆云：此家王相，買得好奴也。」（P17）

〔校注〕（12）王相——陰陽家語，意即「興旺」、「旺盛」等吉利語。王通「旺」。

征按：「王」本來就有「旺盛」義，而且可能是它的原始意義。「旺」只是「王」在這個意義上的後起俗字，不得言「王通旺」。王梵志詩：「王相逢便宜，參差著局席。」亦有其例。

最後，至瓦器行見大口瓮子，以其腹申宛宛，……（P17）

〔校注〕（7）瓮——原本作「兊」，應為瓮之簡誤。（8）宛宛——迴旋屈曲的樣子。

征按：「瓮」字王錄本錄作「兊」，並校云「疑當作雅」。輯注本改校為「瓮」，甚是。然「兊」在敦煌寫本中為「甕」之最習見俗字，並非是「簡誤」之字。例如 S.6836《葉淨能詩》：「於是淨能取筆，便於甕子上畫一道士把酒盞飲，貼在甕子上，其甕子便變做一個道士。」「甕」字原形皆作上示俗體。又「宛宛」應是寬圓貌，而不是屈曲貌（甕子內空而圓溜，不可能為屈曲貌）。

長新婦前拜賀，因祝：「願公口還得出氣，眼還得見明，頭還依舊動，還不廢行。子子孫孫俱戴帽，長住屋裏坐萌萌。」（P18）

征按：「祝」原卷作「呪」，不應逕改。「呪」雖是「祝」之俗字，如《唐書疏議音義》第七：「祝：之救切，作『呪』者俗。」但是「祝」字後來還分化出一個「咒」，應與「呪」更切合。下文第二十四條「祝」亦同。又末句「長住」之「住」之原卷實為「作」形，即「作」之常見俗字。「作」字不可妄改，表示「為」、「是」之意。如俄藏敦煌寫本 L.1456 法忍抄本王梵志詩：凡夫有喜有憂，少樂終日懷愁。一朝不報明冥，常作千年遮頭。」「作」字義同。又「萌萌」一詞，《漢語大詞典》未收，此輯注本注云：「通『芒芒』，迷迷懵懵。」按「萌萌」為重疊式詞語，而本質上相當於一個聯綿詞，義存於聲，故又可寫作「蒙蒙」、「朦朦」、「懵懵」及「芒芒」、「芃芃」、「冥冥」等，並不存在通假關係。

隋時有一癡人，車載烏豆入京糶之，至灞頭，車翻，覆豆於水，便棄而歸，欲喚家人入水取。去後，灞店上人競取將去，無復遺餘。（P20 第21條）

征按：「灞頭」、「灞店」之「灞」原卷實作「漕」（此則故事僅見於敦煌寫本），即「漕」之俗字。《説文解字》：「漕，水轉穀也。一日人之所乘及船也。」班固《西都賦》：「東郊則有通溝大漕，潰渭洞河，泛舟山東，控引淮、湖。」則知「漕」有船運、河道等義，在此作河道解，「漕頭」當即河岸，「漕店」當即河岸上之店家，故「漕」字義本可通，不煩校改。輯注本注云：「灞頭——灞水邊的地名。灞店——灞水邊的小市鎮名。」皆因沿襲王録本而臆説。又「覆豆於水」，王録本「覆」字録作「复」，輯注本改為「覆」。按：原卷即作「覆」。又「欲喚家人入水取」，原卷在「取」上有「收」字，王録本漏録，此亦沿誤。

怪嘆良久，曰：「烏豆，從你不識我，而背我走去，可畏我不識你，而一時著尾子？（P20）

〔校注〕（7）從——通「縱」，即使。（8）「可畏」兩句——意曰你忽然長了尾巴，怕我就不認識了嗎？

征按：「從」即「任從」之「從」，本有「即使」之意，並非「縱」之假借字。例如 P.2914 王梵志詩：『看客只寧馨，從你痛笑我。』又 P.3833 王梵志詩：『從你七尺影，俱填一丈坑。』「從」皆意義相同。又「可畏」二句的理解有誤，應理解為：「烏豆，即使你因不認識我而背我逃離，那也罷了；讓人喫驚的是你長了尾巴連我都不認識你了！」「可畏」作為甚辭，在此是「讓人喫驚」、「使人怪嘆」的意思，整句在標點上應作：「烏豆，從你不識我而走去，可畏我不識你而一時著尾

子！」

陳長沙王叔堅性驕毫暴虐，每食，常遣倉曹哺飯至，至食欲飽，即問倉曹云：「可罷未」？（P20）

征按：「常遣倉曹哺飯至」和「至食欲飽」中的兩個「至」，敦煌寫本原卷是寫一個「至」字和一個重文號的，因此可能抄寫時衍一重文號（衍重文號是敦煌寫本常見的衍文現象）。因此，按文義可刪前一「至」字。

嗽口訖，又責倉曹云：「何因生菜第五樊中，都無蓼味？」復令與杖一頓。（P20）

〔校注〕樊——古音同「攀」，借為「盤」字。（5）蓼——一種帶辛味的野生植物，可用以作生菜。

征按：「樊」字與「攀」字在唐代應已不同音，故同音説恐未當；即使二字在上古音中相同，但與「盤」是決不同音的。實際上這裏作量詞的「樊」應即「樊籠」之「樊」，用來稱數竹木製成的可以套疊的盛飯菜的器具（其形狀特點應與蒸籠相同）。故「第五樊」就是第五籠、第五盒。又「都無蓼味」是説毫無辣味，「蓼」未必是確指野生植物蓼。

乃謂主人曰：「此著嘴䭔，欲似未熟，請更為煮之。」（P21）

征按：「䭔」下逗號應刪去，句謂「這個著嘴䭔好像沒有蒸熟」。又「䭔」字註解釋為「蒸餅」，其實「蒸餅」是古人的説法，現代漢語中應釋為「饅頭之類」。敦煌變文中曾以「筋頭䭔子」喻細頸頭，則「䭔」乃圓形的饅頭，而非現代意上的扁平麵食「餅」。

七月七日新節，瓜兒㼬子落喹。願阿家宜兒，新婦宜薛。（P21 第 24 條）

〔校注〕（4）㼬（bō）——小瓜。落喹——當時俗人的口語，與後來的「囉唣」、「囉蘇」有一定語源關係。指大瓜小瓜多而糾纏貌。

征按：㼬」字《廣韻》音「蒲角切」，亦寫作「瓟」、「瓝」，今音擬為 bō（陽平）。「喹」為「喹」之俗字，見於《龍龕手鏡》。「落喹」一詞別處未見（《漢語大詞典》即未收），但據《廣韻》注音「丁結切」（diē），則「落喹」應是疊韻聯綿詞，與「落落」、「落索」的聯綿不斷義相同。但此字又可與「瓞」同音，故「落喹」乃雙關「落瓞」（落下小瓜，喻生下小孩）。不管如何，這則故事肯定由《詩・大雅・緜》生發出來：「緜緜瓜瓞，民之初生。」

鄠縣有人將錢絹向市，市人覺其精神愚鈍，又見頦頤稍長，乃語云：何因偷我驢鞍橋去，將作下頷？」（P22 第 25 條）

征按：「頦頤」之「頦」原卷作「咳」，為「頦」之借音字，不當逕改。「驢鞍橋」（橋同轎）下「去」字原卷實作「之：」，「之」右「：」為寫本中習見刪字符號，故「之」字必須刪去，王錄本逕改為「去」，輯注本亦沿其誤。此處「何因偷我驢鞍橋將作下頷」應連讀，意謂為什麼偷我的驢鞍橋將作下巴，若加一「去」字則句散。用以表示「點去」的刪字號，如 P.4051《前漢劉家太子傳》寫本：其人遂往詣家中，引至人門，其父遙見，便識太子。走至：下階，即便拜儞。」至」字右側有點號「：」，表示當點去，《敦煌變文集》校錄者未明其意，故仍錄出「至」字。此種點號，有時不是三點，而是四點，如 P.2721《舜子變》：「眘聾：李得甚祟禍術魅。」又：「卿識：試牽我至市。」加點號者皆為其下一字之誤字。有時點號則環字而加，如 S.5949《下女夫詞》：

「陌足（漏促）更聲垣愈急，星流月色藏。」即其例。

乃報其妻曰：「癡物，儻逢不解事官府，遣拆下頷檢看，我一箇下頷，豈只直若許錢絹？」（P22 第 25 條）

征按：「若許」原卷實作「若哥」，「哥」與「許」形、音皆不近，無由致誤，王錄本以意臆改，此亦沿誤不覺。「若哥」又寫作「若柯」，也就是我們至今仍在使用的「若干」，後一字乃因隨音記字而有歧異。唐代顏師古《匡謬正俗》卷六「若柯」條：「問曰：『俗謂如許物為若柯，何也？』答曰：『若干，謂且數也。』《禮》云：『始服衣若干尺矣。』班書云：『百加若干。』並是其義。『干』音訛變，故云『若柯』也。」「柯」、「哥」聲符相同，故音相近也。

又問云：「何物生即喫盡如許棗？」其弟又報云：「一顆一顆喫即盡。錄事又嗔云：「此漢是何物體裏？」（P22 第 26 條）

〔校注〕（3）何物生——怎生，怎麼的。（4）體裏——樣子。這裏問「是什麼樣子」是責備其弟弟「不像樣」的意思，其弟裝傻當作一般問句來回答，造成笑話的效果。

征按：「何物生」、「何物」原卷實作「作勿生」、「何勿」，此亦由王錄本沿誤。「作勿生」即「作物生」，義為「幹什麼」、「為何」，「生」為詞尾。下文云：「僧大嗔曰：『作物生，即喫盡我爾許鎚？』」「物」字原卷實亦作「勿」，與此同。「何勿」義同「何物」，如 S.328《伍子胥變文》：「先生恨胥何勿事？」「勿」即同「物」，因已虛化為疑問詞，故不煩校改。寒山《無題》詩：「皎然易解事，作麼無精神？」楊萬里《秋雨嘆》：「曉起窮忙作麼生？雨中安否問秋英。」「作麼」、「作麼生」即「作勿生」。至於「何物生」一詞根本不存在（「何物」之後不加

「生」，因其為疑問代詞，而非表狀態、原因之疑問副詞），所以輯注本的註釋就完全是臆解。此外「體裏」一詞並非指外表的「什麼樣子」，而是「內心」、「心裏」，「此漢是何勿體裏」是罵：這個傢伙心裏是什麼，那樣愚蠢！錄事的弟弟以為問他身體中怎樣，不知在責罵他，這是因癡呆而真不知，不是像註解說的那樣「裝傻」。

果毅嗔其不知毛其為勿，喚馬作頭，決二十，語云：「明日莫遣不得，即處分；諸衛士勿令教之。」（P23）

〔校注〕（6）「果毅」句——王本案：「此句疑作『果毅嗔其不知毛色為何物』。」（8）遣不得——派不上用處，指答不上馬毛色的問話。

征按：「勿」為「物」之省借，宜可校正，然「不知毛其為勿（物）」意義可通，未必有誤。這幾句的標點明顯有誤，應作：「果毅嗔其不知毛其為勿（物）、喚馬作『頭』，決二十，語云：『明日莫遣不得！』即處分諸衛士勿令教之。」其中「遣」是「使」的意思，「不得」為詞，表示不行、回答不出來。「得」有「行」義，如 S.5437《漢將王陵變》：「漢帝……遂詔二大臣附近殿前：『莫朕無天分，一任上殿，摽寡人首，送與西楚霸王，亦得！』」「亦得」即「也行」、「也罷」之意。至於「處分」這個俗語詞，在此是口頭吩咐、命令的意思（另有「安排」、「處理」義），校注者誤以為即今之「記過處分」的「處分」，以致標點大誤。

果毅云：「阿兄何在？」青奴云：「阿兄見在屋裏。」果毅又問云：「阿兄在裏作何物在？」（P23）

征按：阿兄在裏……」原卷實作「阿兄在屋裏……」，王錄本漏錄「屋」字，此亦沿誤。這句中有二「在」字，後一「在」是語助詞。

王之為字，有言為註，近犬變狂，加頸足而為馬，施角尾而成羊。
（P24 第 28 條）

　　征按：「王之為字」《太平廣記》卷二五三《徐之才》條如此，而「字」字敦煌寫本原卷實作「已」。疑敦煌本「已」乃「ㄈ」手書之訛，亦即「亡」之俗字。「王之為亡」是直接在「王」的形體上將豎畫移往左邊而成為「滅亡」之「亡」。

安亡為虐，在丘為虗，生男成虜，配馬成驢。（P24 第 29 條）

　　〔校注〕（4）安亡——《北齊書》、《北史》和《廣記》作「在亡」，按「亡」古體作「ㄈ」，與「亡」形近，「在亡」有義，「安亡」無義，以「在亡」為勝。

　　征按：敦煌寫本「安」下之字作「ㄈ」，應即「ㄈ（亡）」字。「安亡」是說在「盧」字內安放「ㄈ」即成「虐」字，因此「安」字決沒有錯。

其人即嘲云：「水惡，頭如鐮杓尾如鑿，河裏搦魚無僻錯。」黑闥大悅。又令嘲駱駝，「項曲綠，蹄波他，負物多」。（P25 第 31 條）

　　〔校注〕（5）搦——拿。（7）波——《廣記》、《廣滑稽》作「被」。波他——同「陂陀」《廣雅·釋詁》：「邪也。」、《廣韻》：不平貌。」

　　征按：「頭如鐮杓」敦煌寫本實作「頭如鐮柯」，下面重複出現的一例相同。「柯」字《廣韻》音「似茲切」（ci）《玉篇》云：柯，鐮柄也。」《集韻》：「柯，《博雅》：『柄也。』」可見「頭如鐮柯」不誤，喻頭頸彎曲如鐮柄也。王録本在校録時不能尊重敦煌寫本原卷，乃以《太平廣記》之字改易，《殊不知《太平廣記》等用「鐮杓」乃形近而訛者。又，輯注本釋「搦」為「拿」，欠確當，應釋為「捉」，「捉搦」一詞的同義連文現象最能說明「搦」為「捉」義。「波他」一詞別處未

見，校注謂同「陂陀」，義為「不平」，恐未確。據文意「波他」似指
駝蹄之寬平，因而能「負物多」。「波他」可能是個聯綿詞，與「盤陀」
等為同詞異寫。

黑闥更今索五十屯綿，令著右膊上將去，令明日更來。（P26）

　　征按：王錄本於「屯」字下注云「同純」，輯注本則「屯」下無
注，對王說避而不談。其實王說乃誤，「屯」在此作量詞，並非「純」
字之省。《全唐文》卷六三《上尊號赦文》：「天下百姓年百歲以上各賜
米五石，絹二匹，純綿一屯，羊酒有差。」韓愈《唐故河南令張君墓誌
銘》：「歲徵綿六千屯。」《吐魯番出土文書》第六冊第 310 頁：「綿壹
屯，准次沽直銀錢伍文，兩屯當練壹疋。」皆可證。

當見一彌猴在庭前，黑闥曰：嘲此彌猴。」（P26）

　　征按：敦煌寫本原卷「嘲」下三字皆無《王錄本據《太平廣記》
逕行增入，未妥。在口語對話中，藉助於語境，光是一個「嘲」字也
足以明白意思。

又次至一人嘲云：「酒，向他籬是頭，四　距地尾獨速。」諸人問云：
「有何義？」其人答云：「更無餘義。」諸人共笑云：「此嘲最是無豆。」
其人即答云：我若有豆，即歸舍作醬，何因此間飲酢來？（P27）

　　〔校注〕（6）是——《廣記》、《廣滑稽》作得。（8）豆——通
「逗」，俗語謂有趣。

　　征按：「籬」下王錄本夾注云：「《太平廣記》卷二五三引籬下有
得字，是」，輯注本誤以為注語「是」為敦煌寫本原文而屢入正文。「向
他籬頭」意即「在他籬邊」，「向」乃介詞，表處所，故「籬」下不可

加「是」，亦不可加「得」，《太平廣記》乃傳抄誤衍「得」字。又「豆」當為「豆留」（又寫作「逗留」）之簡，義為「緣由」，如 P.2324《難陀出家緣起》：「難陀聞説此來由，走到佛前説豆流。」「豆流」同「豆留」，義即「緣由」。又「飲酢」，敦煌寫本實作「歔酢」，王録本臆改。此乃沿誤不覺。《説文解字》：『歔，歔歌也。」桂馥《札樸・鄉里舊聞・雜言》：「飲酒曰歔。」酉陽雜俎・怪術》：『方歔水再三噀壁上，成維摩問疾變相。」故「歔」、「飲」同義，不煩改（《太平廣記》引作「飲」）。

時廳前有竹，彥博即令嘲竹。（P28）

〔校注〕（6）有——原本無，據《寅記》補。

征按：敦煌寫本有「有」字，王録本漏録，此乃不覆原卷而沿誤。

大聲語曰：「方今主上聰明，辟四門以待士，君是何物人，在此妨賢路？（P28）

征按：「何物」原卷實作「何勿」，不應逕改。又「妨」字王録本漏脱，此據《太平廣記》補而未作説明。

諸人問云：「餘皮既多，擬作何用？」威德答曰：「擬作元遜頬。」（P30）

征按：「頬」字敦煌寫本實作「頯」，王録本臆改為「頬」，此乃

沿誤不覺。《玉篇》：「頷，頤下。」《廣韻》：「頷，煩頷。」故「頷」
字不煩校。

**侯白乃即佯驚云：「遂不知此伎倆！白莊上林中有三四窠，生兒欲大，
總不紀括。既有如此伎倆，到莊即須養取此鳥。」……此人欲逐向白
莊。（P30）**

〔校注〕（5）紀括——同「嘰呱」，口語詞有喧嚷、聲張、自吹之
意。

征按：敦煌寫本「伎倆」皆作「伎兩」，因「伎兩」乃聯綿詞，可
寫成「伎倆」、「技量」等，不應隨便改錄。又「此人欲逐向白莊」原
卷實作「此人欲逐侯白向莊」，此亦沿王錄本之誤而不覺。「逐」義為
隨，「逐侯白向莊」即隨侯白向莊。又「紀括」一詞義為「統計」、「計
算」，「總不紀括」是說鳥很多，根本不曾統計有多少隻。輯註釋為「嘰
呱」乃純屬臆測。

侯白東家有一胡患痁饒睡，家人每日常炙尾翠。（P32）

〔校注〕（5）炙尾翠——用艾叶等製成艾炷或艾卷，在尾椎處按穴
針灸燒灼。翠即指艾卷。

征按：「尾翠」為詞，「翠」乃「膵」之省，並非指艾卷。《玉篇》：
「膵，鳥尾上肉也。」《遊仙窟》：「熊掌兔髀，雉膵豺唇。」由鳥尾肉
引申而為人之尾骶骨，如《廣雅・釋親》：「膵，臀也。」

**僧大嗔曰：「作物生，即喫盡我爾許餰？」弟子即以手於鉢盂中取兩個
殘餰，向口連食，報云：「只做如此喫即盡。」（P33）**

征按：「作物生」原卷作「作勿生」，不當臆改，其下逗號必須刪

除。又「只做」原卷實作「只作」，亦沿用王錄本之誤。「作」有「如」、「似」義，如《朝野僉載》卷二：「不勝其痛楚，日夜作蟲鳥鳴。」

弟子不解鈴語，乃問之，僧曰：「鈴云『蕩蕩朗朗鐺鐺』，汝即可依鈴語蕩朗鐺子，溫酒待我。」……僧曰：「鈴聲若何有別？」答云：「今日鈴聲，云但『冷冷打打』，所以有別，遂不溫酒。」（P33）

〔校注〕（5）蕩朗——口語詞，吊起。（7）云但——王本註：「二字疑當乙轉。」冷冷杓杓——像聲雙關，「杓」字無義，取其「冷冷」，巧言辯解不需溫酒。

征按：「蕩蕩朗朗鐺鐺」原卷如此，蓋抄手誤將重文號作字抄也。此當抄為「蕩〻朗〻鐺〻」，表示「蕩朗鐺」三字應各重一次，亦即應錄作：「蕩朗鐺！蕩朗鐺！」此即由下文「汝即可依鈴語蕩朗鐺子，溫酒待我」可以推見。後面弟子所解鈴語標點應作：「今日鈴聲云：『但〻冷〻打〻！』」原卷「但」下脫重文號，而「冷」「打」下的重文號也被抄手寫出字來。「杓」就是「打」的古本字。因此這幾句應作：「今日鈴聲云：『但冷打！但冷打！』」意即「只冷喫！只冷喫！」「打」是唐宋俗語詞，義為「喫」、「喝」，如 P.2972《茶酒論》：「茶喫只是腰疼，多喫令人患肚。一日打却十樞，腹脹又同衙鼓。」「打」即作「喝」解。至於用重文號表示連重二字以上者，如 S.2073《廬山遠公話》：「賤奴若有此意，機謀阿郎，願當〻來〻世死墮地獄，無有出期。」「當〻來〻」即「當來當來」。又同篇：「相公是夜為夫人説其〻死〻苦〻者四大欲將歸滅，……」此處應錄作：「相公是夜為夫人説其死苦，其死苦者：四大欲將歸滅，……」皆其例也。

附錄

　　本文完成後得到日本花園大學助教授衣川賢次先生的精心審閱，其訂誤部分已改入上文，其補校部分則附之於後，以示不敢掠美。再次感謝衣川先生讓我將其高見直接補入拙文的好意。

曹林娣、李泉《啟顏錄》補校

P1　　法師曰：「檀越讀經，佛騎物何？」（1）

　　　案：「物」「何」二字旁，原卷有乙倒號，應作「何物」。

P3　　〔1〕道場——指佛寺……（1）

　　　案：此處應對「內道場」下註解。「內道場」指宮廷內所設之佛寺。

P5　　有大德僧在高座上講，通俗論難，不能相決。（5）

　　　案：「通俗」，原卷實作「道俗」。

P15　〔2〕番官——差役（14）

　　　案：差役不叫做「官」。《舊唐書・職官志二》「掌贊唱，為行事之節，分番上下，謂之番官」。

P17　父曰：「取看好不？」（17）

　　　案：「好不」義為「好否」，問號應刪。

P17　村中皆共觀之。（17）

　　　案：「村中」，原卷實為「村人」。

P17　買奴合婢來。〔15〕合——應當。（17）

　　　案：原卷脫「奴」字，王校按文義補，是也，「合」當作「和」、「連」解。

P22　將作下頷（25）

案：「頷」，原卷作「頜」「頜」hē，「頷」hàn，義同「頤」。
《方言》卷十：「頜、頤，頷也。南楚謂之頷，秦晉謂之頜，頤其通語耳。」下文第四、六行同。

P22　妻語云：「何物鞍橋，堪作下頷（頜）？縱送官府，分疏自應得脫，……」25）

案：「橋」下逗號應刪，「頜」下問號應改成感嘆號。「縱」原卷作「從」；「疏」，原卷作「疎」，並不應逕改。《五燈會元》卷十一谷隱蘊聰章有云「莫認驢鞍橋作阿爺下頷」。

P22　他喚你作何物（勿）人？/此漢是何物（勿）體裏？（26）案：二句末問號應改成感嘆號。

P23　通日：「灰馬一頭。」（27）

案：「日」，原卷實作「云」。

P24　王之為字，有言為証。（8）

案：「有」，原卷作「在」，王校同，不必改。

P25　〔2〕姓王句——這則「馬」字，也要作繁體字來看，才能理解他們的打趣。（30）

案：作繁體字來看也不能理解「拗你尾子東北出」的意思，應作篆體字馬來看。

P26　極善解嘲。〔17〕善——原本無，依《廣記》《廣滑稽》補。（31）

案：「解」已有「善」義，不必補。

P26　綿絹，割却兩耳，只有面。（31）

案：「割却兩耳只有面」七字為句，句末押韻，中間逗號應刪。

P27　張榮答日：「會是破你皮折，多用韻何為？」〔1〕會——恰好，正好。（32）

案：「折」，原卷作「析」，寫卷一般不分「析」、「折」，但此處

為撕開義。「會是」義為「若是」，《修心要論》：「會是妄念不生，我所心即滅。」

P28　陵冬叶不雕。（34）

　　案：「陵」、「雕」，原卷作「凌」、「彫」。

P28　方今主上聰明，群四門以待士。（34）

　　案：「主」，原卷左上部殘，但為「聖」字無疑。「群」，原卷為「闢」。

P29　〔9〕人──《廣記》無。〔10〕──《廣記》作「久在」。案：「人」，《廣記》實誤作「久」。

P29　〔12〕此意着博──四字原本脱。（34）案：原卷實脱「云：此意着博」五字。

P29　〔16〕故──原本無，據《廣記》補。（34）案：「故」，原卷實有，王校亦録。

P30　我等極飢，須得此人飲食。（36）案：原卷「食」下有一字，上殘，但可知是「喫」字。

P30　公子大喜云：「莊去此遠近？」（36）案：原卷「喜」下有「問」字。王校脱。

P31　莊上鳥聲作「求救鳩」。（76）案：「救」，原卷左旁不清，疑是「救」字之訛。

P31　「白等數人即是音聲博士。」（37）

　　案：「即」，原卷作「皆」字。

P32　即於寺外作得數十箇鎚，買得一瓶蜜。（39）

　　案：「買」上有一字，左半部不清，疑是「并」字。

P33　弟子待僧去後，即取瓶瀉蜜。（39）

　　案：「瀉」，原卷作「寫」，可通。

P33　僧大嗔曰：作物（勿）生即喫盡我爾許餬？」40）

　　　案：「爾」，原卷作「汝」，是「如」之寫誤。

P33　僧動鈴已後，來見酒冷，責之曰：……（40）

　　　案：「冷」下，原卷有「因」字。

P33　僧曰笑而赦之。〔18〕曰──王本註：曰字當衍。（40）

　　　案：「曰」，原卷實為「目」（因）。

《中國古代寫本識語集錄》匡補

　　日本著名敦煌學家池田溫先生所編《中國古代寫本識語集錄》一書，集錄各國收藏的中國古代西漢至北宋的寫本識語 2623 條，實為集大成之作。這些識語，主要輯自敦煌、吐魯番等地出土文書，直接錄自寫本，因而在錄字、校點和斷代等方面都存在著極大的困難。然而池田先生錄字非常謹慎，一些俗別字、借音字甚至重文、勾乙符號等也都照錄出來，使讀者很容易地聯想出原卷面貌；許多借音字還分別註明本字，以便讀者通讀；寫本時代的確定更是精細。筆者在通讀該書以後，發現一些錄字和標點尚有可以斟酌之處，有些借音字未註明的尚可出注，爰為小文匡補，供池田先生修訂時和讀者使用時參考。

　　為便覆案，所校各條原文前皆標頁數、條目編號和首句所在行數，如 84/77.4 即表示原文在第 84 頁、第 77 條、第 4 行（首行黑體標題不計）。原錄標點只用句、逗（頓號）二種，今皆照抄。

74/30.1 月支菩薩法護、手執胡□□（本、口）授聶承遠和上、弟子沙門竺法首筆□□（授。）令此經、布流十方、戴佩弘化、速成正□。

按：「筆」下缺文，池田先生補作「授」，未確。此字當是「受」，「筆受」謂筆錄也。第 26 條云：「月支菩薩沙門縣法護、於酒泉演出此經。弟子竺法首筆受。」可證。又「速成正□」句缺文可補作「覺」，第 155 條有「早成正覺」句，第 183 條有「齊成正覺」句。可相比勘。

74/30.5 凡三萬十二章、合一萬九千五百九十六字。

按：「三萬」有誤，疑是衍文。今傳《諸佛要集經》只有二卷。

76/37.2 此月上旬、漢人及雜類、被誅向二百人。願蒙解脱生生。信敬三寶、無有退轉。

按：「二百人」下應施逗號，至「解脱」下絕句，「生生」屬下讀。

78/48.12 丈夫失計、志意錯虞、一計不成、亦為百□虞。

按：二「虞」皆為「誤」之通假字。「百」字下缺文原卷（見版圖）已用濃墨塗去，故「百」下不應有缺文。

80/57.4 到夏安居、寫到戒諷之趣、成具字而已。手拙用愧、見者但念其義、莫唉其字也、故記之。

按：「成」字應屬上讀，「寫到『戒諷之趣』成」謂抄寫到「戒諷之趣」為止也。「具字而已」為抄手客套話，謂字寫得不佳，僅能具備字的作用而已。又「手拙」下當施逗號，「用愧見者」連讀。「用」義為「因而」，「手拙，用愧見者」謂由於手拙，因而有愧於讀者。第 48 條云：「手拙，具字而已，見者莫唉也。」（原錄「手拙具字而已」連讀）

第74條云：「書者手拙，具字而已。」皆同。

82/63.3　清信女姚阿姬、為一切眾頂載供養。

按：「載」應讀作「戴」。第273條云：「辭闕甫爾，便值侯景稱兵寇亂，頂戴逃亡。未暇翻譯。」可資比勘。

82/34.3　於酒泉西域陌北祠寫竟、故記之。

按：「西域」當作「城西」。第74條云「於高昌城東胡天南太后祠下……寫此《金光明經》一部」，第77條云「於田地城北劉居祠寫此尊〔經〕」。皆言於某城某方寫某經，可資比勘。

84/74.2　為索將軍佛子妻息合家、寫此金光明一部。斷手記竟、筆大好、書者手拙、具字而已。

按：「寫此《金光明》一部斷手記竟」應連讀，「斷手」猶「了手」，義為結束、完了。「記」應作「訖」，第159條即有「寫經訖竟」語，「訖竟」義亦結束、完了。

84/74.4　後有□□□□之吉、疾成佛道。

按：缺文可試補為「誦讀此經」，「之吉」疑當作「之者」，「吉」與「者」形近易誤。

84/74.4　施與一切眾生、背得摠持、超入法城、獲無生忍、成無上道。

按：背得摠持」當作「皆得總持」，「背」為「皆」字手書之訛，「摠」為「總」字俗書之誤。第80條云：「於時沙門釋慧朗，河西宗匠，道業淵博，總持方等。」第25條云：「其有攬（覽）者，疾得總

持，暢澤妙法。」可資比勘。

84/77.6　此丘法融所供養經、書拙字具而已。

按：「此丘」當作「比丘」。「書拙」下當施逗號，「字具而已」當乙作「具字而已」。

86/84.3　比丘申宗、手拙人已。難得紙墨。

按：「手拙人已」有脫誤，當云「手拙，具字而已」。

86/86.2　太安四年七月三日、唐兒祠中寫竟。首薄可愧、煩（願）使一切[　　　]

按：「首」應讀作「手」，「手薄」猶言「手拙」，謂寫字不佳也。「愧」下一字原卷作「顏」，即「顏」字，「首（手）薄可愧顏」應連讀。

87/87.2　傳教人願、生生之處、長直（值）彌勒。

按：當於「人」下逗，「願生生之處」連讀。

88/95.6　謹竭麈表之[　　　]

按：「麈」當為「臺」之俗字，S.6836《葉淨能詩》：觀看樓殿麈閣，與世人不同。」「麈」即「臺」字，與此形近。

90/98.1　大魏定州中山部盧奴縣城內西坊里住、原鄉涼州武威郡租厲縣梁澤北鄉武訓里方亭南葦亭北張塸主、父宜曹、諱昴。

按：「塸」原卷 P.4506（b）實作「壞」，應照錄，字下當逗。「主父」宜連讀，蓋尊稱其父也。

91/98.4　又感鄉援、靡托恩戀。

　　按：「恩」原卷作「思」。

91/98.6　欲令流通本鄉、道俗異玩。

　　按：「異」字當是「共」字之誤。

91/98.6　願使福鍾皇家、祚隆萬代、祐例丘久、亡母托生蓮花、受悟無生潤。

　　按：「丘久」原卷實作「亡父」，「祐例亡父母」連讀，句下施逗號。「潤」應讀作「忍」，「無生忍」為佛教術語，第77條有「獲無生忍，成無上道」句，第79條有「亦聞説法，悟無生忍」句，皆可證。

92/101.4　瞻四有之局見、通三家之差別、以識同至味、名曰毗曇。

　　按：「局」字原卷實作「哥」，為「卷」字俗寫之訛。下文云：「卷云斯苞，見云亦帝。」「卷見」即「卷」與「見」也。

92/101.6　撰寫十一切經、一一經一千四百六十四弔、用答皇施。

　　按：「弔」字原卷如此，為「弓」等之訛，亦即「卷」字。六朝寫本中「卷」有多種寫法，如第51條「《大雲無想經》卷第九」，「卷」原卷作「夸」；第103條《大般涅槃經》卷第十六」，「卷」原卷作「弓」；第116條「卷第五十九」，「卷」原卷作「弓」；第213條「發願文一卷」，「卷」原卷作「弓」，皆可用以比勘。

92/101.11　理無不彰　根無不判　卷云斯苞　見云亦帝　諦修后玩是聰是備。

按：「判」不入韻，審原卷似「利」字，作「利」字是。

93/1071　比經是偽秦弘始七年三月十六日、羅什法師於長安大明寺翻譯次。

按：「比」當作「此」。句末「次」字疑有誤。

95/122.1　一交竟。

按：「交」應讀作「校」，「一校竟」謂第一次校對了竟也。

99/148.7　遠離參途、值遇三寶。

按：「參」字原卷實作「三」，當據改。

100/152.3　夫至妙沖玄、則言辭莫表、惠深理囩、則凝然常寂。淡向淡諍、隨緣敀化。

按：第 209 條同一抄寫人建暉所作題記，此數句文字相同，唯「理」下作「固」、「淡」下作「夷」、「緣」下作「改」，皆應據正。又「諍」字二卷同，應通「靜」。池田先生在「諍」字側加問號志疑而未據他文校正，於理未周。

114/190.5　矚遭離亂、災天橫發、長蛇覓燆、萬里含毒。

按：「矚」通「屬」。「覓」即「竟」字俗字，通「競」。

114/190.8　文德盈朝、哲士溢闕。鏘鏘鏒鏒、隆於上日。

按：「鏒」即「鏅」之俗字，「鏘鏘鏒鏒」為眾盛貌，亦寫作「蹌蹌濟濟」，見於《詩經‧公劉》篇；亦寫作「濟濟鏘鏘」，如 S.4191 願

文：「炎炎巍巍，電躍電馳；濟濟鏘鏘，雲委波湧。」亦寫作「濟濟蒼蒼」，如 P.3350《呪願新郎文》：「飲食常餐白味，濟濟蒼蒼，快樂勝常。」皆隨音作字。

114/190.12　皇途尋開、早還京國、敷暢神讖、位昇宰輔。

按：「讖」應讀作「機」，「神機」謂謀略也。

115/192.6　有能稟聖化者、所願皆得、天人將護、覆衛其人，令無衰㦷，所求稱願。

按：「㦷」為「惱」之俗字，「衰惱」乃佛教術語。東漢失名譯《佛說安宅神呪經》：「神子神母、宅中諸神、邪魅蛊道、魍魎弊魔，各安所在，不得妄相侵陵，為作衰惱，令某甲等驚動怖畏。當如我教，若不順我語，令汝等頭破作七分，如多羅樹枝。」

115/192.7　弟子自惟福薄、屢嬰重患、恐怡灰粉之央、天算難詣。

按：「怡」應讀作「貽」，「央」應讀作「殃」。

118/203.3　弟子自唯（惟）、宿行不純等類、有識稟受風末、塵穢之形。

按：當於「宿行不純」下逗，「等類有識」連讀，下施逗號。「稟受風末塵穢之形」連讀。

118/204.2　其真教法要、須言晋深崇而得。是以丘比惠愷、自惟福薄。

按：「晉」為「晉」之訛，沿襲已久，此即「辨」之俗字也。又「丘比」當乙作「比丘」。

118/204.5　是以即仰寫寶梁經一部兩弓。而成願因此福、使愷……棄此微福、願托生西方無量壽佛國。

按：「而成」二字屬上讀。「棄」字當為「乘」字之訛。

118/205.4　自惟福助微淺、每嬰纏志、無方自救。

按：「纏志」為「重患」之訛，第 192 條有「弟子自惟福薄，屢嬰重患，恐怡（貽）灰粉之央（殃）」句，可資比勘。

119/206.3　清信士持節散騎常侍開府儀同三司都督嶺西諸軍事鬭騎大將軍瓜州刺史東陽王元太榮。

按：「鬭」當作「驃」或「車」，第 205 條稱元太榮為「驃騎大將軍」，第 196 條、197 條、198 條皆稱之為「車騎大將軍」，可資比勘。

120/211.7　當斯之運、熟（孰）不抃耀者哉。

按：「耀」應讀作「躍」，「抃躍」為欣喜貌。

120/211.9　以斯微善、願七世師長父母、今古覺亡、來各之喪。晶案三業、志行高儁、遊陟十聖之縱、速登常住之果。

按：「今古覺亡、來各之喪、晶案三業」義不可通，當有誤。「縱」應讀作「踪」。第 220 條云：「因此之福，願七世師尊父母及一切含生有識，早成正覺。」第 231 條云：「因此微善，願上及七世師尊父母及所生父母，齊登法雲。」第 242 條云：「以斯微善，願七世父母、所生父母、現在家眷，以及己身，彌勒三會，悟在首初，所願如是。」文義皆近，可供參閱。

120/213.3　仰奉明王殿下、在州施化、齊於受稱之世流潤。與姬文同等、十方眾生同含生、同於上願。

　　按：此段應點作：「仰奉明王殿下，在州施化，齊於受稱之世，流潤與姬文同等；十方眾生，含生同於上願。」「含生」前原有「同」字，當是衍文（原卷「同」側加點，似即表示點去之意）。

123/225.6　如三世諸佛及諸菩薩、度諸眾生等、無有異有、能讀誦奉行此律者、亦復如是。

　　按：當於「眾生」下逗，「等無有異」下逗，「有能讀誦奉行此律者」應連讀。

127/242.3　夫玄門重閣、非四目之所閣、旨理沖壑、豈素箋之所鉛。

　　按：第 211 條云：「夫玄門重閣，非四目之所闚；旨理沖壑，豈素筴之所銘。」據此可知「所閣」為「所闚」之訛，「素箋」為「素筴」之訛，「所鉛」為「所銘」之訛。

127/242.3　故乃三賢斯徒而貞爾、十聖慈例而矇寵。

　　按：此亦見於第 211 條。唯「貞」作「卓」，「慈」作「茲」，「寵」作「籠」。此二句儷偶。故「慈」當作「茲」，與「斯」互文；「徒」當作「從」，與「例」互文；「寵」音「龍」，「矇寵」、「矇籠」即「朦朧」。「貞爾」應作「卓爾」，與「矇寵」相對。

127/242.4　然大聖矜悼、迷蠢應迹、形名捨深、禪定誕化。婆娑形輝、則天人拱手而歸依、名彰則群品玩之吟咏。當斯之遠敢不挨耀者也。

按：此亦見於第 211 條，池田先生點校為：「然大聖矜悼迷蠹、應跡形名、捨深禪定、誕化娑婆。形輝則天人拱手而歸依、名彰則群品玩之吟咏。當斯之運、熟（孰）不抃耀者也。」「婆娑」應據此乙作「娑婆」，「敢」應校作「孰」，「挨」應校作「抃」，「耀」通「躍」。句逗以第 211 條為是。「名彰」句當脫一字，疑「玩」前脫「尋」字。

133/271.5　現身寧泰、萬惡雲消、眾福覓集。

按：「覓」即「竟」字，通「競」。

133/272.4　若有尋玩之者、智慧踰明、悟空會旨、使憎聞解，終乎出世。

按：「憎」應讀作「增」。

134/273.6　評讄茲福、普為盡法一切眾生。用紙十八張。登彌勒初會、一時成佛。

按：「眾生」下應施逗號。「用紙十八張」與前後文不相屬，當用括號括出。「評」疑為「憑」之音近借字。「讄」音義同「庶」，希冀也。第 388 條「讄緣此福，願使……」、第 480 條「誠以斯福，仰願……」中「讄」字義同。

134/274.4　時中天竺優禪尼國王子月首那、生知俊朗、世傳釋學、尤釋義味兼善方言、避難本邦、登仕梁。

按：「知」當作「如」，通「而」。「尤」下「釋」字當作「精」，「尤

精義味」下施逗號。「邽」當作「邦」。

134/274.5　被敕總知外國使命、忽見德賢。有此經典、敬戀真懷、如對真佛。

　　按：「忽見德賢有此經典」應連讀。

134/274.7　德賢嘉其雅摻、虛心授與首那。

　　按：「摻」即「操」之俗字，魏《敬史君碑》「操」即寫作「摻」，可證。

134/274.10　江州刺使（史）黃法甈。

　　按：「甈」即「氈」字。《玉篇》「甈，甈毹，毛席也。」《集韻》：「氈，織毛褥曰氈毹，或從㼪。」即同一字也。

134/274.13　匡山釋僧縣杲法師、及遠邇名德。並學冠百家、博通五部。

　　按：「匡」即「匡」之俗字，「爾」通「邇」。

134/274.15　揚州阿育王寺釋智昕、暫遊彭進、伏膺至教耳。聽筆疏、一言敢失、再三循環、撰為七卷訖。

　　按：當於「教」下施句號。「耳聽筆疏」連讀。謂其聽筆記也。「敢」字疑有誤。

135/276.7　生生世世、治（值）佛聞法、聰明生生世世、遇善知識、所行從心。

　　按：「聰明」屬上讀。

136/280.4　願亡者託生佛國、面奉慈願、萇永三途、永與苦別。

　　按：「願」當為「顔」之誤字，「慈顏」謂佛也。第 283 條云：「願七世父母、現在父母、親睹聖顏。」可資校證。「萇」為「長」之增旁字，「長永三途」意不可通。「永」當為「離」、「出」等字之誤。

137/283.2　夫耶悟潚素、則耳目之徒寢昏。

　　按：「潚」即「漂」之增旁字，通「縹」，「縹素」為縹色、素色之絹匹，指書籍。隋《澧水石橋碑》「漂」作「潚」，可資比勘。又「耶悟」費解，當有誤。

138/288.3　僧願先因不幸、生稟女穢、父母受憐令使入道。

　　按：「受」當作「愛」。

138/290.4　有女阿華。訓華等、並奄女刑（形）、伷年損折。……願亡者乘此□□、面奉諸佛。

　　按：池田先生於「伷」側加問號志疑，今審原卷作「**切**」。當為「幼」字。又缺文原卷有破損。依願文程式習語可補為「微善」。

140/296.9　又願家眷大小、康住諸善、日臻諸雲消（霄）、福慶從心。

　　按：校「消」為「霄」，誤。「雲」前蓋脫「惡」字，此數句應校點為：「又願家眷大小康住，諸善日臻、諸〔惡〕雲消，福慶從心。」

第 294 條同為宋紹之發願文，其中文句與此略同，云：「又願家眷大
小，福慶從心，諸善日臻，諸惡雲消。」可據校證。

**143/309.3　開皇十年十一月廿日、清信女董仙妃稽首和南、十方一切
三寶。**

　　按：「和南」為敬禮之意，故「南」下逗號應刪去。

143/311.5　是以三災擾世、仰憑獲安、九橫千時、回向而蒙泰。

　　按：「千時」當作「干時」，「干」與「擾」互文見義。

**143/311.6　若不歸依三寶、投誠般若者、則何以㞈惡徵於將來、保元
吉於慈日哉。**

　　按：「㞈」字未詳，疑為「當」字草書之訛。

**143/311.10　又願七生先靈考妣往識、濟蒙（愛）欲之何（河）、果涅
槃之岸。**

　　按：「果」當作「登」。

**146/324.4　覺道俶通、康信可期、至理冥會、精感必應。□□□國處
邊荒、勢迫間攝、疫病致流、有增無損。……保元世於滋日哉。……
國僵民逸。**

　　按：第 311 條亦為同一人寫題記。文句略同，唯「俶」作「潛」，
「潛通」與下文「冥會」互文，作「潛」字是。又「致」字原卷實作

「既」，第 311 條同，應據改正。又「世」字原卷實作「吉」而稍訛，第311 條亦作「吉」。「滋」通「茲」。「僵」字第 311 條作「彊」，應據校。

147/326.11　略等希玄正路、為修三佛、出世橋梁、度濟含識、同證惠眼。

按：「為修三佛出世橋梁」應連讀。

147/326.13　便法輪常轉、廣開法目，悟道群籍。

按：「便」當作「使」。

147/326.15　體性如如一依獨出玄路。

按：「如如」下應逗。白居易《讀禪經》詩：「攝動是禪禪是動，不禪不動即如如。」「如如」與此同。

148/330.4　宗塗浩汪、不可以行辭盡妙極之理、篇目繁、不可以一章括幽玄之旨。

按：「行」當作「片」形近而誤。敦煌寫本「片」多作「仹」，與「行」多相亂。

148/330.9　願亡考永離三途、長赴苦海、超生淨域，成無上道。

按：「苦」為「苦」之俗字，故「赴」當作「出」之類。

149/337.3　願從今已去、災彰殄除、福慶湊集。

按：「彰」為「鄣（障）」之形訛，「湊」為「臻」之形訛。第

332、333、334、335、336、338、339、340、341 條皆同一人寫，文句相同，「彰」、「湊」二字即皆作「鄣」、「臻」。

151/343.8　身康強、四大寧告、時和歲豐。

按：「告」當作「吉」，蓋六朝寫本「吉」多作「吉」，與「告」字近也。

159/386.3　自惟往殞不純、生遭末代、沈羅生死。

按：「羅」應讀作「罹」。

159/386.5　故以減刪衣資、寫此大般涅經一部。讀誨受持、供養供敬、尊重讚嘆。

按：「誨」當作「誦」，「供敬」應讀作「恭敬」，「供養供（恭）敬」應乙作「供（恭）敬供養」。第 387 條與本條為同人所寫，文句相同，「讀」下即作「誦」字。第 138 條「比丘道惠所恭養經」，「恭」即與「供」通。第 483 條有「恭敬供養」句，皆可比勘。

159/386.6　以此之福、躬上及曠劫師宗、七世父母、復為含令（靈）抱識、有刑（形）之類、眾生同獲此慶。

按：「躬」當作「願」，形近而誤。第 387 條同句即作「願」。又本條下文「復躬現在居門……」。池田先生即校「躬」為「願」。

160/388.3　王曉霧連昏、勢極於初暉、纏使藹藹、交事窮于慧日。

按：「纏使」費解，疑當作「重陰」。「交」字疑衍。

160/389.3　以斯豪分、念乞微願。

按：「豪」應讀作「毫」。

160/389.6　眾耶照不二之觀、群迷朗性一之到。

按：「耶」當作「邪」。

162/395.6　仰惟養育之情、恩深巨海、報之惘極。

按：「惘」應讀作「罔」。

164/407.2　理絕名相、非言聟所開。

按：「聟」為「晢」之相承訛字，即「辯」之俗字；「開」為「關」之俗字。

164/407.4　宿殖根趍、沈溺有不都真聖。偶聞、造善慶勝天堂、造惡退路（落）三途。

按：「殖」通「植」。「都」俗或作「都」，故應為「覩」字之訛。「勝」通「昇」，敦煌經濟文書「升斗」之「升」即多有作「勝」者。

164/407.8　因微福、願七世父母師長父母、所生因緣、往生西方淨佛國土。

按：「因」下當脫「茲」字。「願七世父母」下當逗。「所生」下當逗。「因緣」連下讀，「土」當乙至「淨」下。「所生」為「所生父母」之省，指親生父親。《魏書》卷十三《皇後列傳》：「世祖感其恩訓，奉養不異所生。」可證。

164/407.10 有有一切眾生、一時成佛。

　　按：前一「有」字當通「又」，後一「有」字當為「為」字之訛。

167/431.1 依本校竟。比丘顯秀寫、流通後代、化化不絕。

　　按：「化化」當作「代代」。

177/478.3 以斯福善、奉資久遠、已來過去眷屬、即日所為。亡妣神靈、唯願承茲妙法、與一切含生、俱登正覺。

　　按：「奉資久遠已來過去眷屬」應連讀，指以前一切眷屬。「即日所為」與上下文不相屬，疑有誤。

178/479.7 根力覺道、悉皆成就、俱修梵行、同登種覺。

　　按：「種」疑為「正」之借音字。

178/480.7 現在親因緣眷屬、恒履休和、未來見佛。

　　按：「親」字當衍。

178/481.4 推尋眅典、崇善為先。

　　按：「眅」當作「群」，形誤字。第 209 條文句與本條略同，此二句作「推尋群典，崇善為先」，可資比勘。

178/482.3 演導群生、心中浪語。

　　按：「浪」應讀作「朗」。

178/482.11　百惡從茲並滅、十善還來捕處。法輪恒暉、三寶無難、耶摩歸正六道、眾生俱時成佛。

　　按：「捕處」費解，疑「捕」通「補」，「補處」謂昇天補佛之處。又「耶摩」當作「邪魔」。

179/484.3　願閻浮提中、所有幽厄疾病者、藉此福田，悉除差。

　　按：池田先生校「幽」為「憂」，似可不必。

180/487.3　時屬搜揚僧伍、無傷從譽、且門戶依所學撰次。但意在行用、直筆舒通道、不事亂文、言多訾陋。

　　按：「傷」當為「復」字之訛，「無復從譽」應乙作「無從復譽」；「依」字應乙至「且」下。「且依門戶所學撰次」謂姑且依師傅所傳習者撰次。又「道」字疑衍。第563條有「強加直筆，舒通經教」句，可證。

183/502.10　先亡又遠、同氣連枝、見佛聞法、往生淨土。

　　按：「又」當作「久」，第501條與此條同，唯「又」作「久」，應據校改。「久遠」謂很久以前死亡者。

190/516.29　又為師僧父母、諸親眷屬、四生六道等、出塵勞。

　　按：「等」字屬下讀。「等出塵勞」意即齊出塵勞也。

207/555.5　玩習真正之妙言、冀斷生滅之菓。

　　按：「菓」當作「叶」，通「業」（敦煌寫本「業」多作「叶」）。

233/636.2 以茲慮、或有須手記標年了。

按：「年了」當作「年月」。

235/647.4 敬造繡十一面觀世音菩薩一千鋪願文一首。

按：「鋪」下應逗。下文同有此句，亦應逗開。

236/654.6 庶使三途心苦、八難亭酸、……見在安樂、俱勉蓋纏。

按：「心」當作「止」，形近而誤。「勉」通「免」。

253/713.5 逮沾有資此妙因。

按：「有」下當脫「情」，並應逗開，「有情」指生靈。

255/724.2 菩雪山菩薩、八字捨身、香城大王、一言析骨。

按：「菩」當即「昔」之俗字。第 725 條為同一人所寫，文句略同，此句即作「昔雪山菩薩」。

256/330.14 興言麹育、感通難勝。

按：「麹」當作「鞠」。

272/773.16 高門出己子、好木出良才（材）、交口學敏（問）去、三公河（何）處來。

按：此為卜天壽題記，另北圖 3817 卷（舊編玉字 91）背面沙彌索惠惠題記中亦抄此詩，略有異同：「高門出貴子，存（好）木出良在（才）。丈夫不學問，觀（官）從何處來？」據此「己」（池田先生校作「傑」）應讀作「貴」，音近通假（二字皆見母止攝）。類似之例，如

P.3697《捉季布傳文》:「高聲直喊呼劉季。」「季」字 S.5441 卷作「鬼」,亦音近借字,《敦煌變文集》校錄者不明此例,遂誤錄為「兒」。又「交口學敏(問)去」當據以校作「丈夫不學敏(問)」,蓋「交」為「丈」之形訛,「去」為「夫」之形訛。抄者因「丈」下漏抄而補抄在「敏(問)」下。缺文為「不」字。末句「三公河(何)處來」與「觀(官)從何處來」意同,不煩校矣。

272/773.21　他、道側書易、我道側書、側書還側讀、還須側眼學。

按:「我道側書」下當脫「難」字。此亦為一首俗詩,應校點作「他道側書易,我道側書〔難〕,側書還側讀,還須側眼學。」

272/773.24　孝問非今日。維須跡(積)年多。

按:「孝」即「學」之俗字,「維」通「唯」。

282/788.7　唯願皇王延祚、廖采忠誠、四海咸寧、萬人安樂。

按:「廖」應讀作「寮」。

282/791.3　或於所見、昧於所着。

按:「或」同「惑」,古今字也。

286/797.9　輪迴於三界、漂浪而亡返、流轉於五道、長淪而弗悟。

按:「亡」應讀作「忘」,第 791 條與本條略同,字即作「忘」。

286/798.7　或於所見、昧於所著世務因緣、以次而發。……輪回於三界、漂浪而返。

按：「或」同「惑」，「著（着）」下應點斷，「返」前脫「忘」字。

289/314.6　及自既身、法界眾生、咸登佛果。

按：「既」應讀作「己」。

297/352.2　千手手眼陀羅尼經　西天竺伽梵達摩譯

按：原卷經題實作「千手千眼……」，應據改。

300/867.1　此法實玄妙、免汝九祖役。是其十戒經人不受、令人與道隔。非人而取受、見世被考責、死墮三途中、萬劫悔無益。

按：此是五言詩一首，「十戒經」三字當用括號括出（「十」字原錄提行寫），是所抄佛經經名。又「考責」下當施句號。

302/876.5　處世間如蓮花、如虛空不着水、心清淨超於彼、稽禮無上尊。

按：此段前、後皆為五言詩贊，而此當為雜言偈一首。應標點為：「處世間，如蓮花，如虛空，不著水。心清淨，超於彼，稽禮無上尊。」

302/377.9　香水用爾沐欲令只。

按：「欲」應讀作「浴」。

305/888.2　瑜伽師地手記卷第六　六月十七日起手説、沙門洪真隨聽鏡。

按：「手説」應作「手記」，「鏡」應讀作「記」。唐、五代西北方

音「鏡」、「記」同音，故可通假。

307/898.9　聽之者減泫淚而切心、聞之者皆側志而欽德。……矚此抄文、持為精要。

　　按：「減」當作「咸」，與「皆」互文。「矚」應讀作「屬」，逢遇也。

315/924.10　遂減割俸料之餘、資敬於彼州妙德寺寶、方像祇園之買地。創造精舍、徵召良工……

　　按：此段應點作：「遂減割俸料之餘資，敬於彼州妙德寺寶方，像祇園之買地，創造精舍。徵召良工……」

315/924.18　有一小僧、於藏取夾開讀、不信毀呰、便唾隔墻扙棄。

　　按：「扙」為「拋」字俗體「抛」之省訛。此段應校點為「有一小僧，於藏取夾，開讀不信，毀呰便唾，隔墻拋棄。」

315/924.29　乙亥年秋、得向西元本勘、頭邊闕三紙、未不得、餘校竟。

　　按：「未」字原卷作「采」，當是誤抄「未」字而未點去者，應刪去不錄，「不得」二字屬前讀。

浙江敦煌學研究綜述（1909—1990）

　　敦煌學是綜合性、國際性學科，素有「顯學」之稱，但它的整個研究史即使從藏經洞被打開之日算起也只有 90 年時間。在這短暫的時間裏，敦煌學研究異軍突發，風起雲湧，並且方興未艾——這些都與浙江學者的首開風氣和深入鑽研有著重大關係。在浙江，現在敦煌學被省社科聯定為「優長學科」。許多中青年學者脫穎而出。除有浙江省敦煌學研究會外，中國敦煌吐魯番學會語言文學分會也設址在浙江，浙江已成為與甘肅、北京並稱的中國大陸三大敦煌學研究中心之一。

　　這裏將要綜述的包括在浙江的和浙江籍的敦煌學研究者及其成就，浙江敦煌學研究現狀和展望。

羅振玉
——敦煌學研究的奠基人

　　羅振玉（1866—1940），浙江上虞人 [1]，自青年時代起就愛好金石

---

[1]　因家庭遷徙，青少年時期在江蘇淮安度過。

考訂之學，生平著作 130 餘種，刊印書籍超過 400 種，是我國著名學者。王國維 1918 年在《雪堂校刊群書敘錄序》中評曰：「先生之書其有功於學術最大者，曰《殷墟書契》前後編、曰《流沙墜簡》、曰《鳴沙石室佚書》及《鳴沙石室古籍叢殘》。此三者，已足敵孔壁、汲冢之所出。」這後二者就是屬於敦煌學的。我們說羅振玉是敦煌學研究的奠基人，主要根據以下三方面：

一、羅振玉發表了中國學者最早的敦煌學論文《敦煌石室書目及其發現之原始》（《東方雜誌》第 6 卷第 10 期，1909 年 9 月出版），開中國學者敦煌學研究之先河。嗣後，羅氏又發表了《瓜沙曹氏年表》、《補唐書張義潮傳》等重要論文和一大批敦煌文獻題跋，大大地推動了敦煌學研究的進程。

二、輯錄印行了大量敦煌文獻，為敦煌學研究提供原始資料，很快吸引了許多著名學者開始研究敦煌學。羅振玉整理刊行的敦煌文獻專集有：《敦煌石室真迹錄》（1909）、《敦煌石室遺書》（1909）、《鳴沙石室佚書》（1913）、《鳴沙石室佚書續編》（1917）、《鳴沙石室古籍叢殘》（1917）、《敦煌本古文尚書殘篇》（1919）、《敦煌零拾》（1924）、《敦煌石室遺書三種》（1924）、《敦煌石室碎金》（1925）、《貞松堂藏西陲秘籍叢殘》（1939）、《流沙墜簡》（1914）。可以看出，羅振玉從 1909 年起由伯希和處陸續獲得敦煌原卷照片後就一直在從事敦煌資料的刊行公佈工作，直到 1940 年去世。

三、羅振玉還為搶救敦煌原卷資料作過貢獻。1909 年 9 月，羅振玉曾至蘇州拜訪伯希和，獲悉敦煌石室在斯坦因、伯希和光顧之後還存留八千餘卷敦煌卷子，就馬上報告學部左丞喬樹楠，並代擬電文命甘肅都督查封敦煌石室，將石室遺書解送京師（《學部官報》第 104 期，1909 年 8 月 22 日）。

　　基於上述三大方面的分析，羅振玉確實可稱為「我國敦煌學研究當之無愧的奠基人」（趙林《羅振玉與敦煌學》，《敦煌研究》1989 年第 2 期）。此外，羅振玉的後裔羅福萇、羅福頤對敦煌學也有不少貢獻。羅福萇有《倫敦博物館藏敦煌書目——沙州文錄補遺》（1923）、《巴黎圖書館敦煌書目》（1925）、《沙州文錄補遺》（1924）等，羅福頤有《敦煌石室稽古錄》（1947）、《西陲古方技書殘卷匯編》（1953）等。

王國維
——敦煌文獻考證的開拓者

　　王國維（1877—1927），浙江海寧人。幼年肄業於杭州崇文書院，後入羅振玉所辦的東文學社，又與羅振玉同在學部任職和東渡日本，與羅振玉合作研究多年。王國維是我國開學術風氣之先的著名學者，他在敦煌學史上的貢獻主要在於率先對具體文獻進行考證。

　　一、王國維最先對敦煌俗文學作品加以考證和介紹，奠定了敦煌俗文學在中國文學史上的地位。他的《敦煌發現唐朝之通俗詩和通俗小説》（《東方雜誌》第 17 卷第 8 號，1920 年）首開敦煌俗文學研究之風，對《秦婦吟》、《董永傳》、《季布歌》、《唐太宗入冥小説》、《太公家教》和《西江月》、《菩薩蠻》、《鳳歸雲》、《天仙子》詞，引用了《北夢瑣言》、《浣花集》、《西遊演義》、《朝野僉載》、《中説》、《玉照新志》、《雲谷雜記》等古籍加以考證，使當時的學術界耳目一新。此外，他的《唐寫本雲謠集雜曲子跋》（1922）為認識敦煌曲在中國詞學史上應有的地位奠定了基礎，《唐太宗入冥殘小説》（1924）、《唐寫本季布歌、孝子董永傳跋》（1927）、《唐寫本春秋後語背記跋》（1927）、《題敦煌所出唐人雜書六絕句》（1927）等對敦煌變文、俗詩都有所考證。姜亮夫先生在《敦煌學概論》（中華書局 1985 年版）中説：「中國

人知道敦煌有俗文學就是從這裏開始的。」

　　二、王國維對敦煌史學文獻的考證也是最早的。1914 年羅振玉出版了《流沙墜簡》，王國維即於同年在《學術叢編》第一冊上發表了《〈流沙墜簡考證〉補正》。又有《蒼頡篇殘簡跋》（1917）、《敦煌漢簡跋》（1923）等文。還有《高昌寧朔將軍麴斌造寺碑跋》（1922）、《于闐公主供養地藏菩薩畫像跋》（1923）等。這些文章時間之早和影響之大，均在列首。

　　三、王國維還考證了其他一些古籍，如《唐寫本失名殘書跋》（1923）、《唐寫本太公家教跋》（1923）、《唐寫本靈棋經殘卷跋》（1923）、《唐寫本兔園冊府殘卷跋》（1923）、（唐寫本食療本草殘卷跋）（1923）等，都對敦煌學的奠定和發展有重大影響。

　　四、王國維對敦煌語言文字學的研究也是最早的。1921 年，王國維已有《唐寫本切韻殘帙三卷》自抄本，1923 年發表了《唐寫本唐韻校記二卷佚文一卷》、《書巴黎國民圖書館所藏唐寫本切韻後》，對後來姜亮夫先生等重點研究這方面材料有直接的啟導作用。

　　綜上所述，王國維在敦煌學史上的地位主要在於開敦煌文獻考證之風氣，引導了敦煌學研究由刊布原始資料向博引文獻深入考證的躍進。雖然與他同時或稍在前後的學者也有研究敦煌學的，但王國維在整個學術界的影響則遠在眾上。這也是他作為當之無愧的敦煌文獻考證開拓者地位的條件之一。王國維對敦煌文獻的考證現在看來確實比較簡單，但在當時已是很不容易了。

敦煌語言文學
——浙江敦煌學研究的傳統和特色

　　浙江的敦煌學研究在文學、語言、藝術、歷史、考古等方面都有

名家，而在語言文字方面則從羅振玉、王國維、姜亮夫、蔣禮鴻、郭在貽諸位先生而下直至初出茅廬的一代，形成了燈燈相傳的一條長線，因此可以說源遠流長，有着光榮的傳統；同時浙江的敦煌學在整個敦煌學史和敦煌學界有著不可動搖地位的也是敦煌語言文字學。

一、姜亮夫先生的敦煌學研究

姜亮夫（1902—　　）[2]先生現任杭州大學教授、博士生導師、古籍研究所所長和敦煌語言文學分會名譽會長（原為會長）、浙江省敦煌學研究會會長，是我國著名學者。姜先生直接師承王國維、梁啟超等國學大師，早年曾自費赴英、法等國抄錄敦煌卷子，與王重民、向達先生同為我國敦煌學研究開拓者之一。姜先生治學範圍相當廣泛，包括楚辭學、敦煌學、歷史學、語言學幾大方面，其中以敦煌學研究成就最為突出，而敦煌學研究方面又以敦煌語言文字研究為重心。姜先生敦煌學研究方面的成就和貢獻可分為以下幾方面：

（一）30年代自費赴英、法抄回不少關於音韻、儒道經典等方面的原卷材料，為實現我國的敦煌學研究由被動轉為主動作出了貢獻。

（二）敦煌語言文字學上的成就。

姜先生研究敦煌學從一開始就重在語言文字（具體說是音韻），1940年寫定《敦煌瀛涯韻輯》（1956年出版），1941年發表《王靜安先生錄倫敦藏寫本切韻殘卷校記》、《大英博物館藏倫敦寫本卷子 S.512 卷歸三十母例跋》，1942年發表《大英博物院敦煌寫本陸法言切韻考》，1955年發表《切韻系統》，1980年發表《敦煌寫本楚辭音跋》，1983年發表《瀛涯敦煌韻輯補逸》、《敦煌學論文集》（上海古籍出版社1987年版）中還有《瀛外將去敦煌所藏韻書字書各卷敘錄》、《敦煌韻輯凡

2　姜先生1995年12月4日逝世。

例與敘例》、《隋唐宋韻書體式變遷考》、《隋唐宋韻書反切異文表》、《敦煌諸韻書切語上字不見於廣韻諸字譜》、《諸隋唐宋人韻書小韻韻次異同考》、《吳棫鷺書切韻事辨及其徵信録》、《唐人所謂聲紐三十母說》、《劉半農敦煌掇瑣所録王仁昫切韻卷子校記》等十餘篇論文。《瀛涯敦煌韻輯》是部大書，共二十四卷，包括正俗字譜三卷，是姜先生代表作之一。姜先生正是在自己親手收集的敦煌韻書資料基礎上完成他的一系列有關論文的。現在，姜先生仍在繼續從事敦煌語言文字學的研究，十八卷三十萬字的《瀛涯敦煌韻書卷子考釋》今年將由浙江古籍出版社出版。

（三）敦煌史學研究上的成就。

姜先生敦煌史學上的論著有《羅振玉補唐書張義潮傳訂補》（1979）、《瓜沙曹氏年表補正》（1979）、《瓜沙曹氏世譜》（1983）等，是研究唐、五代西北史、地的重要成果，姜先生自己也表示滿意。此外《敦煌經卷壁畫中所見釋氏僧名録》、《敦煌經卷題名録》、《敦煌經卷壁畫中所見寺觀録》等對敦煌史學考證有工具書的作用，《莫高窟年表》（1985）則為敦煌史學和敦煌學史研究的名著，1986年獲浙江省社會科學成果一等獎。

（四）儒家、道家經典和其他敦煌古籍的研究成果。

姜先生有《巴黎所藏敦煌寫本道德經殘卷綜合研究》（1980）、《敦煌所見道教佚經考》（1982）、《敦煌本毛詩傳箋校録》（1987）、《敦煌本尚書校録》（1987）、《敦煌小識六論》（1987）等。另有《敦煌文録》、《瀛涯敦煌雜録》等書待刊。這些成果都是敦煌古籍整理的重要組成部分。

（五）普及敦煌學和培養敦煌學研究人才上的重大貢獻。

姜先生是敦煌學老前輩，他時常為發展敦煌學的深入研究着想。

首先，姜先生有《敦煌——偉大的文化寶庫》（1954）、《敦煌學概論》（1985）和《敦煌經卷在中國文化學術上的價值》（1981）、《我與敦煌學》（1987）、《敦煌隨筆》（待刊）等著述。為擴大敦煌學的影響和確立其地位作出了貢獻；其次姜先生籌建了敦煌學會語言文學分會和浙江省敦煌學研究會並任會長，對敦煌學研究力量的組織和扶持作出了貢獻；再其次姜先生還親手培養了像郭在貽這樣的專家和杭大古籍所的多屆研究生（其中張湧泉等皆以敦煌學為主攻方向並已在敦煌學界有了一定的影響），主持過一次敦煌學講習班（面向全國）。姜先生雖因年高不再親自授課，但古籍所畢業的研究生都深受他的論著的影響和得益於因他的戰略遠見而買下的全套敦煌縮微膠卷。此外，姜先生還有《敦煌學規劃私議》和《敦煌學必須容納的一些古迹文物》等文，是我們全面研究敦煌學的指南。

現在姜先生雖已屆九十高齡，但仍在繼續從事敦煌學研究和培養人才。

二、蔣禮鴻先生的敦煌語言文字學研究

蔣禮鴻（1916—　）[3] 先生現為杭州大學中文系教授、博士生導師、敦煌學會語言文學分會顧問（原任副會長）、浙江省敦煌學研究會副會長。蔣先生的敦煌學研究集中在語言文字方面，有《敦煌變文字義通釋》和《敦煌詞校議》（1959）、《〈敦煌變文集〉校記錄略》（1962）、《敦煌詞初校》（1955）、《〈敦煌資料第一輯詞釋〉》（1978）、《讀變枝談》（1983）、《關於〈敦煌變文字義通釋〉》（1984）、《補〈全唐詩〉校記》（1985）、《〈吐魯番出土文書〉第一冊釋詞》（1988）等，代表了迄今為止敦煌文獻校勘和字詞考釋的最高水平。《敦煌變文字義

3　蔣先生 1995 年 5 月 9 日逝世。

通釋》初版時間為 1959 年 3 月，以後 1960、1962、1981、1988 年共增訂過四次，洪誠、王貞珉、徐復、張永言、吳小如、呂叔湘、郭在貽、盧潤祥等學者紛紛相繼專文予以高度評價，日本、美國，以及中國的香港和台灣地區的學者無不交口稱贊。如日本學者稱之為「研究中國通俗小説的指路明燈」，美國學者稱之為「步入敦煌寶庫的必讀之書」。可以説研究敦煌文獻的人没有不拜讀過此書的，而其被稱引的頻率之高恐怕是任何一部敦煌學研究專著都無法相提並論的。《通釋》的突出貢獻在於廣泛徵引文獻對敦煌俗字、俗語詞等從縱、橫兩方面結合起來作了獨創的、精博的考釋，開闢了敦煌俗字、俗語詞研究的道路，也為後人的研究樹立了最高典範。現在敦煌俗語詞研究已成熱門，俗字研究也在漸趨熱門，這些都是受蔣先生的直接影響而產生的效應。郭在貽、張湧泉等中青年學者的敦煌俗字、俗語詞研究都直接受教於蔣先生，項楚、袁賓等外省學者實際上也是私淑蔣先生的。

　　蔣先生現在仍在從事敦煌學的研究和人才培養，正在負責國家社科基金重點項目「敦煌語言文字研究」和《敦煌文獻語言詞典》的編著，在讀的博士生尚有顔洽茂、黄征二人，都從事於敦煌學的研究。

三、郭在貽先生的敦煌學研究

　　郭在貽（1939—1989）先生生前為杭大中文系教授、博士生導師、中國敦煌學會語言文學分會副會長，是我國著名的中年學者。郭先生師承姜亮夫、蔣禮鴻兩位敦煌學大師，1982 年以後便逐漸將訓詁學的研究重心移到敦煌語言文字上來，直到賫志以没。郭先生 1983 年發表了《敦煌變文校勘拾遺》、《敦煌變文校勘拾遺續補》、《唐代白話詩釋詞》，以後有《蘇藏押座文及説唱佛經故事五種校記》（1985）、《王梵志詩校釋拾補》（1987）、《〈王梵志詩校輯〉誤校示例》（1988）、《王梵志詩匯校》（1988），皆為敦煌變文、王梵志詩校釋之重要論文，其

中《唐代白話詩釋詞》獲中國社科院首屆青年語言學家獎。1987 年中，郭先生開始與親手培養的研究生張湧泉、黃征（古籍所研究生，郭先生因屬古籍所兼職教授，故先後任張、黃的學位論文導師）合作進行《〈敦煌變文集〉校議》、《敦煌變文校注》、《敦煌俗字典》和一批相關論文的撰著，分別擔任省七五規劃重點項目「《敦煌變文集》校」和國家社科基金重點項目「敦煌語言文字研究」的主要負責人，可惜郭先生在《敦煌變文校注》和《敦煌俗字典》尚未動手撰寫之前就永歸道山了，這確是學術界的一大損失（尤其是敦煌語言文字學研究的損失）！

　　現在，張湧泉、黃征秉郭先生遺囑將其遺稿編為《郭在貽語言文學論文集》（浙江古籍出版社 1991 年將出版）、《郭在貽敦煌學論文集》（將收入季羨林先生主編的《東方文化論叢》），並完成了《〈敦煌變文集〉校議》（40 萬字）的清稿，即將由岳麓書社出版。得到郭先生生前指導、獎掖的門弟子和其他同道甚多，其中不少是在研究敦煌學的。

四、其他研究者和脫穎而出的年輕一代

　　項楚（1940—　），浙江溫州人，現任四川大學中文系教授、博士生導師、中國敦煌吐魯番學會語言文學分會副會長，是我國著名的中年敦煌學家。項先生的敦煌學研究語言、文學兼擅，但重心仍在語言方面，受蔣禮鴻先生的《敦煌變文字義通釋》的影響很大。項先生從 1981 年發表《敦煌變文語辭札記》、《〈敦煌寫本王梵志詩校注〉補正》以後，接連發表了《敦煌變文校勘商榷》（1982）、《敦煌變文語辭札記》（1982）、《敦煌變文字義析疑》（1983）、《變文字義零拾》（1984）、《〈王梵志詩校輯〉匡補》（二篇，1985）、《敦煌變文語詞校釋商兌》（1985）、《敦煌本〈孝子傳〉補校》（1985）、《〈盧山遠公話〉補校》（1985）、《敦煌本句道興〈搜神記〉補校》（1986）、《王梵志詩釋詞》

（1986）、《〈破魔變文〉補校》（1986）、《〈降魔變文〉補校》（1986）、《〈大目乾連冥間救母變文〉補校》（1987）、《〈敦煌變文集〉校記散錄》（1988）等重要論文。曾獲中國社科院青年語言學家一等獎。此外又出版了《王梵志詩校注》（1987）、《敦煌變文選注》（1990）兩部重要著作，引起敦煌學界的矚目。項先生一直對浙江的敦煌學研究很關心和支持。

張金泉（1938—　），現為杭大古籍所副教授、中國敦煌吐魯番學會理事、浙江敦煌學會秘書長。有《敦煌曲子詞用韻考》（1981）、《重版〈敦煌變文集〉試議》（1982）、《變文假借字譜》（1984）、《校勘變文當明方音》（1987）、《唐民間詩韻——論變文詩韻》（1987）、《變文詞義釋例初探》（1988）等，側重於敦煌音韻的研究和通過字音考證來考釋敦煌俗語詞。現在，張金泉先生與曹方人、許建平、徐忠良正在合作進行敦煌音義的系統研究，對《字寶》等考證甚精。

此外，胡從曾有《從敦煌毛詩古寫本看高郵王氏訓詁方法的科學性》（1985）等，黃幼蓮有《閩南方言與敦煌文獻研究》（1987）等，祝鴻杰、褚良才有《〈伍子胥變文〉藥名詩臆詁》（1988）等，俞忠鑫有《釋「波波」》（1983）等，袁澤仁有《「渾搋自撲」、「舉身自撲」校釋覆議》（1988）等論文，皆為敦煌語言文字研究的可喜成果。

從 1987 年以來，浙江出現了最年輕一代的敦煌語言文字研究者，如張湧泉、黃征、許建平、李丹禾等，年齡均在 30 歲左右。他們直接師承姜亮夫、蔣禮鴻、郭在貽、張金泉等先生，以敦煌語言文字學為主攻方向，在三五年內便發表了一批有分量的論文，還承擔了一些國家級和省級的敦煌學大型研究項目，張湧泉（杭大古籍所講師）是其中成果最突出的一個，自 1987 年發表《敦煌變文校讀釋例》（上、下篇）、《蘇藏押座文及說唱佛經故事五種校勘拾零》以後，接連發表了

《敦煌變文校札》（1988）、《敦煌變文校勘平議》（1988）、《〈敦煌歌辭總編〉誤校二十例》（1980）、《〈吐魯番出土文書〉詞語校釋》（1990）等，和與郭在貽、黃征合作的《蘇藏押座文及説唱佛經故事五種校議》（二篇）、《〈父母恩重經講經文〉補校》、《斯2292〈維摩詰經講經文〉補校》、《〈廬山遠公話〉校補》、《敦煌變文整理校勘中的幾個問題》（以上1988）、《〈伍子胥變文〉校補》、《〈敦煌變文集新書〉校議》（二篇）、《〈大目乾連冥間救母變文〉校議》、《〈歡喜國王緣〉等三種補校》、《〈維摩結經講經文〉補校》、《〈敦煌變文集新書〉讀後》、《「押座文」八種補校》、《〈敦煌變文集〉底本選擇不當之一例》、《〈韓朋賦〉補校》、《敦煌變文釋詞》、《〈秋吟〉和〈不知名變文〉三種補校》（以上1989）等多篇，還有三人合作的專著《〈敦煌變文集〉校議》（40萬字，岳麓書社1990年內將出），與黃征合作的《敦煌變文校注》（約150萬字，中華書局將出）等。黃征個人論文有《王梵志詩校釋商補》（1988）、《〈王梵志詩校輯〉商補》（1988）、《敦煌寫本〈佛説生經〉殘卷校釋》（1988）、《敦煌文學〈兒郎偉〉輯錄校注》（1988）、《〈敦煌歌辭總編〉校釋商榷》（1990）、《敦煌文學〈兒郎偉〉輯錄校注（二）》（1990）等篇。許建平有《敦煌本〈劉子殘卷〉舉善》（1989）等，李丹禾有《敦煌本〈李陵蘇武往還書〉考校》（1988）等。

浙江的敦煌文學研究

　　浙江自羅振玉、朱孝臧、王國維以來，有鄭振鐸、夏承燾、胡士瑩、戴不凡、柴劍虹、吳肅森等先生研究敦煌文學，是浙江敦煌學研究很重要的一方面。

　　一、朱孝臧（1857—1932），號彊村，浙江歸安（今吳興）人。朱孝臧1917年刊印《彊村叢書》，其中收足本《雲謠集雜曲子》並附校

記，為敦煌曲子研究提供了最早的資料集。

二、鄭振鐸（1898—1958），原籍福建長樂，出生於浙江永嘉（今溫州），鄭振鐸是早期研究敦煌文學影響最大的學者之一，他對敦煌俗文學的研究包括王梵志詩、變文、曲子、賦等各方面，從理論上奠定了敦煌俗文學崇高而穩固的文學史地位。鄭先生有《三十年來中國文學新資料發現史略》（1934）、《什麼叫做變文，和後來的寶卷、諸宮調、彈詞、鼓詞等文體有怎樣的關係》（1935）、《雲謠集雜曲子跋》（1936）、《王梵志詩跋》和名著《中國俗文學史》（1936）中的《唐代的民間歌賦·變文》等章節及《中國文學史》（1930）中的《敦煌的俗文學》（第三章）、《中國文學論集》（1934）中的《佛曲敘錄》、《痀僂集》（1934）中的《佛曲與俗文、變文》等，還在《世界文庫》（1936）第11、12冊中刊印了《王梵志詩》、《八相變文》等九篇變文。

三、夏承燾（1900—1986），浙江溫州人，生前為杭大中文系教授，是我國一代詞宗。夏先生有《盛唐時代民間流行的曲子詞》（1961）、《詞韻約例》、《敦煌曲子詞》（1962）等論文。夏先生還培養了許多詞學專家，他們也多有論及敦煌曲子的，如吳熊和先生的《唐宋詞通論》即是。

四、胡士瑩（1901—1979），生前為杭大中文系教授，有《寺院裏的俗講、通俗文學》（《話本小說概論》第一章，1980年出版）、《變文考略》（見《苑春雜著》，1981年出版）等。

五、戴不凡（1922—1980），浙江建德人，有《小說識小録──變文》（見《小說見聞録》1980年出版）等。

六、柴劍虹（1944—　　），浙江杭州人，現任《文史知識》副主編、中國敦煌吐魯番學會副秘書長，有《敦煌唐人詩集殘卷初探》（1982）、《〈秦婦吟〉敦煌寫卷的新發現》（1983）、《列寧格勒藏敦煌

〈長安詞〉寫卷分析》（1983）、《敦煌唐人詩文選集殘卷補錄》（1983）、《敦煌伯2555卷「馬雲奇詩」辨》（1984）、《研究唐代文學的珍貴資料》（1987）、《敦煌寫卷中的〈曲子還京洛〉及其句式》（1988）等多篇，研究重點在於敦煌曲子詞和敦煌詩歌。柴先生很關心浙江敦煌學的研究，經常給予支持和幫助。

　　七、吳蕭森（1935—　　），現為浙江財經學院副教授、中國敦煌吐魯番學會語言文學分會理事，有《論敦煌歌辭與詞的源流》（1981）、《敦煌歌辭論略》（1982）、《敦煌殘卷高適佚詩初探》（1985）、《敦煌歌辭探勝》（1986）、《敦煌歌辭探勝續篇》（1987）及待刊專書《敦煌歌辭選注》、《敦煌歌辭探勝》、《敦煌曲研究》等。

浙江的敦煌石窟藝術研究

　　浙江在敦煌石窟藝術研究方面成就突出，有史岩、常書鴻、王伯敏、沈康身等著名學者。

　　一、史岩（1903—　　）[4]，現為浙江美術學院教授、博士生導師。史先生是我國敦煌藝術和考古研究的開拓者之一，主要論著有《敦煌千佛洞現狀概述》（1943）、《陽關探訪記》（1942—1943）、《敦煌石室畫像題識》（1947）、《酒泉文殊山的石窟寺院遺迹》（1956）、《偉大的佛像》（1961）、《隋唐雕塑》（1988）、《五代、宋雕塑》（1988）等多種。

　　二、常書鴻（1903—　　）[5]，浙江杭州人，著名畫家和敦煌美術史專家，曾長期任敦煌研究所所長。常先生除了臨摹壁畫以外，還撰有《敦煌藝術與今後中國文化建設》（1946）、《敦煌藝術的源流與內容》

4　史先生1994年7月逝世。
5　常先生1994年6月23日逝世。

（1951）、《敦煌壁畫中的歷代人民生活畫》（1956）、《談敦煌圖案》
（1956）、《漫談古代壁畫藝術》（1958）、《敦煌莫高窟藝術》（1978）
等多篇論文。

三、王伯敏（1923—　　）[6]，浙江美術學院教授、著名美術史專家。
王先生主要有《敦煌莫高窟壁畫變色記略》（1986）、《莫高窟壁畫山水》
（1988）、《莫高窟壁畫山水三探》（1990 年國際敦煌學討論會論文）
等，還主編了《中國美術通史》等。

四、沈康身（1924—　　）[7]，杭大數學系教授，有《絲綢之路與源
遠流長的石窟藝術》（1981）、《中國石窟藝術》（1982）等論文。

浙江的敦煌考古學、敦煌史學和敦煌絲綢史研究

浙江的敦煌考古學研究有夏鼐先生，敦煌史學研究有朱雷、齊陳
駿等先生，絲綢史研究有趙豐先生。

一、夏鼐（1910—1985），浙江溫州人，我國著名考古學家、生前
任中國社會科學院副院長、考古所名譽所長，是現代中國考古學的開
拓者和奠基人。夏先生 1949 年秋曾應邀到浙江大學人類學系任教。夏
先生關於敦煌考古學的論文很多，如《新獲之敦煌漢簡》（1948）、《漫
談敦煌千佛洞的考古學》（1951）、《敦煌千佛洞的歷史和寶藏》
（1956）、《敦煌考古漫記》（三篇，1955）、《中國最近發現的波斯薩珊
朝銀幣》（1957）、《我國古代的蠶、桑、絲、綢的歷史》（1972）、《綜
述中國出土的波斯薩珊朝銀幣》（1974）、《新疆發現的古代絲織品——
綺、綿和刺繡》（1963）、《吐魯番新發現的古代絲綢》（1979）等篇。

6　王先生 2013 年 12 月 29 日逝世。
7　沈先生 2009 年 1 月 14 日逝世。

　　二、朱雷（1937—　），浙江海鹽人，現任武漢大學歷史系主任、教授、博士生導師，是我國著名的敦煌吐魯番史學專家。朱先生的有關論文有《敦煌石室所出〈唐某市時價簿馬時價〉書後》（1980）、《唐「籍坊」考》（1983）、《唐代手實制度雜識》（1983）、《吐魯番出土文書中所見的北涼「按貲配生馬」制度》（1983）、《論麴氏高昌時期的「作人」》（1983）、《〈常何墓碑〉寫本錄文》（1980）、《〈伍子胥變文〉、〈漢將王陵變〉辨疑》（1985）、《〈捉季布傳文〉、〈廬山遠公話〉、〈董永變文〉諸篇辨疑》（1986）、《〈舜子變〉、〈前漢劉家太子傳〉、〈唐太宗入冥記〉諸篇辨疑》（1988）、《敦煌藏經洞所出兩種麴氏高昌人寫經題記跋》（1988）等多篇。

　　三、齊陳駿（1936—　），浙江紹興人，現任蘭州大學歷史系教授、《敦煌學輯刊》主編。主要論著有《敦煌沿革與人口》（1980）、《敦煌沿革與人口（續）》（1981）、《略論張軌和前涼張氏政權》（1981）、《絲路考察紀略》（1982）、《裴矩功過述評》（1983）和專著《五涼史略》（1988，與人合作）等。

　　四、盧向前（1948—　），杭州大學歷史系講師，是較年輕的敦煌史學研究者。盧向前先生曾在北京大學中古史研究中心攻讀研究生，師事王永興教授等著名敦煌學家，專攻敦煌史學，有《伯希和3714背面傳馬坊文書研究》（1982）、《馬社研究——伯3899號背面馬社文書介紹》（1983）、《牒式及其處理式的探討——唐公式文研究》（1986）、《關於歸義軍時期一份布紙破用曆法研究——試釋伯4640背面文書》（1986）等重要論文，其他尚有《金山國立國之我見》、《唐六品已下職散官受永業田質疑——敦煌戶籍勛職官受田分析》、《唐代前期市估法研究》、《唐代和糴法研究》等將刊。

　　五、趙豐（1959—　），現為浙江絲綢工學院絲綢史研究室助理研

究員，主要研究敦煌絲綢史，有《絲綢圖案的早期風貌——中國古代絲綢圖案研究之一》（1987）、《絲綢史與考古學》（1987）、《敦煌文物中的紡織技藝》（1988）等多篇。

浙江敦煌學研究的現狀和展望

浙江的敦煌學研究隊伍現在日漸擴大，總人數約在 60 以上（僅浙江敦煌學研究會就有 50 人），他們中以研究語言文字的居多。從研究者的年齡上來看，老一輩的和中年的仍居主導地位，年輕一代正在湧現。從承擔的項目來看，老一輩的主要是繼續原有的課題，極大多數新課題、新項目是中、青年研究者在進行。如「敦煌語言文字研究」、「《變文集》校」、「敦煌俗字典」、「敦煌音義研究」、「敦煌語言辭典」等國家級和省級重點項目都是中、青年研究者具體承擔的，青年研究者承擔的猶多。有不少語言文字、文學、史學方面的青年研究者現在的研究重心正逐漸移到敦煌學方面來，如姜亮夫、蔣禮鴻、郭在貽先生的博士生俞忠鑫、方一新、梁曉虹、顏洽茂、王雲路等皆是。從這樣的發展趨勢來看，浙江敦煌學研究的實力必將大大加強，年輕一代不會辜負前輩的殷切期望。在浙的敦煌學前輩是年輕一代的楷模，許多在外的浙籍敦煌學家也是激勵年輕一代的精神力量。現在浙江的敦煌語言文字學研究者已形成一股力量，人們期待著敦煌文學、史學、藝術、考古等方面也都有更多的人去研究。

敦煌學在世界，浙江的學者在為整個敦煌學研究事業的發展而不懈努力。

1990 年 8 月

（原載《浙江社會科學》1991 年第 1 期，發表時作了大量刪改，今據原稿全刊）

敦煌文獻中有浙江文化史的資料

　　敦煌與浙江，一在天之西北，一在地之東南，似乎談不上有多麼密切的聯繫。然而，敦煌學却能使二地緊緊地連在一起。浙江學者開創了中國的敦煌學研究，浙江籍的敦煌學家星羅棋佈在敦煌等各地，浙江有三個敦煌學研究團體或機構以及一支源遠流長的敦煌學研究梯隊。這些方面我們曾經撰文介紹過[1]，可謂老生常談。但是，浙江的學者是否注意過敦煌文獻中的浙江文化史資料？這些資料的研究價值如何？這可是個新問題，從來沒有人談過。我從事敦煌學研究也已有十年之久，但由於敦煌學是一門綜合性、國際性的學科，研究者除了敦煌本地區外很少對它用區域文化的眼光來看，因此筆者也不曾對此作專題研究。不過每當我在敦煌莫高窟藏經洞出土文獻中讀到有關浙江的資料時，心中總是非常驚喜，有如異鄉逢故舊一般。可惜這些也都成了過眼煙雲，要回頭尋找就只能找到一鱗半爪了。我就先介紹這一鱗半爪，以引起有識之士的注意。

1　詳《浙江敦煌學研究概述》，載《浙江社會科學》1991 年第 1 期。

在敦煌文獻中有一種《救諸眾生苦難經》，大約有 50 個不同傳抄本，可見當時在敦煌地區十分流行。這看上去是篇佛經，其實不是，我們把它抄出來就能看明白了。我們參考釋圓空的錄文[2]，以 S.5256 為底本，用 S.3696、S.1185、S.3126、P.2653、P3857、北圖鳥字 38 號等卷作參校本來校錄：

救諸眾生苦難經

天台山中，有一老師，年可[3]百歲。正月二月，天神悲哭，眼中泣血，唱言：「苦哉苦哉，眾生死盡！」弟子惠通，合掌頂禮，眼中泣淚，啟言：「有此災難，如何得免？」師報言：「惠通！我見閻浮提眾生亡沒，並念彌勒佛，救諸蒼生。中國黃河北相魏之地，正在其中，愚癡之子，不覺不知。三月四月，鬼兵亂起，無邊無際。八月九月已來，大〔□〕末劫。眾生行善，鬼兵自滅，天地黑暗，得免此難。寫一本免一門，寫兩本免六親，寫三本免一村。流傳者是弟子，謗此經者入阿鼻地獄無有出期，見此經不寫者滅門，至心讀誦者得成佛道。」

黑風西北起，東南鎮鬼兵。永常天地暗，何得心不驚？先須斷酒肉，貪嗔更莫生。人能慎此事，佛道一時行。

這所謂「經」顯然是中國人自造的，與譯自印度的不同。「經」的內容，一是說大難將臨，二是說念佛行善，抄寫此經便可免遭災難，至於要人抄的「經」究竟是什麼，誰都不知道——其實並不存在。因此

2　圓空：《〈新菩薩經〉〈勸善經〉〈救諸眾生一切苦難經〉校錄及其流傳背景之探討》，載於《敦煌研究》1992 年第 1 期。

3　「可」字原卷作「九」，據 S.136 卷改。

這個《救諸眾生苦難經》實際是利用人們的對世界末日的恐懼心理而捏造的一份預言。我們且不管此篇偽經內容如何荒唐，只是把注意力集中到開頭的「天台山中，有一老師，年可百歲」上來。這「天台山」就是浙江的天台山，那麼這「老師」是誰呢？在敦煌地區偽造的經書為何要假借浙江天台山年可百歲的老師之口來說出那些聳人聽聞的預言？我認為這「天台山」中的「老師」應該是指天台智者大師智顗，偽經假借智者大師的口吻，一是遠方鬼神好唬人，一是天台宗佛教在當時確實影響很大。這點我們從敦煌文獻中有《天台五戒分門》（S.1310）《天台分門圖》（P.2131、P.3080、P.3328）等天台宗資料可以證實。尤其是P.3183《天台智者大師發願文》，更能說明智者大師非常「適合」扮演這樣一位「預言家」：

天台智者大師發願文

　　弟子某甲今日以此讀經念佛種種功德，回施四恩三有、法界眾生，回向無上菩提、真如法界。願共法界諸眾生等臨命終時，七日以前預知時至，心不顛倒，心不錯亂，心不失念，身心無諸痛苦，身心快樂，如入禪定。遇善知識，教稱十念；聖眾現前，乘佛願力，上品往生阿彌陀佛國。到彼國已，獲六神通，遊歷十方，奉事諸佛；常聞大乘無上微妙正法，修行普賢無量行。願福惠資糧，悉得圓滿，速證菩提。法界怨親，同斯願海。摩訶般若波羅密。
大王夫人

這篇《天台智者大師發願文》原卷共十一行，行約十五至十九字，字大而清晰。題目應是後人所加，作者不會把自己的名號寫入題目。作

者智者，即陳、隋之際的名僧智顗，乃佛教天台宗的創始人，《全隋文》存文十八篇，並有《發願文》一篇，但與本篇內容迥別，故知本篇為其佚文。法國學者梅弘理（Paul Magnin）曾對此文作過專題研究。[4]文章末尾寫有小字「大王夫人」四字，「大王」似指歸義軍節度使曹議金，是當時敦煌地區漢族政權的最高統領，後來曾稱「敦煌王」。因此這篇發願文是歸義軍後期曹氏政權時的抄本，即約在公元 931 至 935 年或此後數年抄寫。這篇發願文內容與作者的身分相合，應該是智者大師的作品無疑。值得特別注意的是，此篇發願文「願共法界眾生等臨命終時，七日以前預知時至」的話有明顯預言成份，與《救諸眾生苦難經》有一種因果關係。我們可以推斷《救諸眾生苦難經》就是根據《天台智者大師發願文》而編造的，當然也模仿了類似《新菩薩經》、《勸善經》之類的偽經。天台宗佛教在隋唐以後影響深廣，我們從日本僧圓仁的《入唐求法巡禮行記》的記載可知，在唐代傳播到日本、新羅等國。因此，我們應充分利用敦煌文獻天台宗佛教資料來進行研究。

　　敦煌文獻中還有姓望氏族譜一類抄本，也含有浙江文化史資料。例如 S.2052《新集天下姓望氏族譜一卷並序》，就記載了浙江諸州的大姓：

杭州錢塘郡出七姓：范、岑、褚、盛、仰、〔金〕、〔花〕。

杭州鹽官郡出五姓：翁、戚、束、闞、忽延。

杭州餘杭郡出四姓：暨、隗、戢、監。

湖州吳興郡出十六姓：沈、錢、姚、吳、清、丘、放（施）、宣、

4　法國 Magnin 的《〈天台智者大師發願文〉研究》，載於《敦煌學論文集》（一），巴黎 1979 年法文版。

薊、金、銀、陰、洗、鈕、木、丘明。

常州晉陵郡出四姓：蔣、符、莫、周。

越州會稽郡出十四姓：夏誰（侯）、賀、康、孔、虞、盛、資、鍾、離、駱、茲、俞、榮、汎。

處州松陽郡出五姓：勞、賴、叶、瞿、曇。

台州臨海郡出六姓：屈、冷、靖、譚、戈（弋）、叶。

婺州東陽郡出七姓：薊、習、苗、姚、泉、難。

這個寫本的內容據王仲犖先生研究，大概是根據唐德宗時期的姓望情況而編出來的，比以往的氏族譜要多出許多姓望，因而其內容值得重視。我們在北圖 8418 號《姓氏錄》[5] 中也看到類似的內容，不過我們仔細對照，就會發現二者仍有許多差異。例如：

長城郡一姓，湖州：錢。

會稽郡七姓，越州：虞、孔、賀、榮、盛、鍾、離。

吳興郡七姓，湖州：姚、明、丘、鈕、聞、施、沈。

徐康（餘杭）郡三姓，杭州：金、褚、花。

鹽官郡三姓，杭州：岑、鄔、戚。

東陽郡五姓，婺州：薊、姚、習、黃、留、難。

臨海郡四姓，台州：屈、譚、靖、弋。

松陽郡四姓，括州：黃、瀨、曲、豆。

5　這兒引用的姓族譜二份都已收入了鄭炳林《敦煌地理文書匯輯校注》一書，甘肅教育出版社 1989 年出版。

我們根據這些資料可以了解唐代浙江有哪些重要的姓望，而根據這些
姓望可以窺見當時士族與庶族關係之一斑，尤其是在「門當戶對」的
社會婚姻觀念方面。該卷的末尾寫道：「今貞觀八年五月十日壬辰，自
今已後，明加禁限，前件郡姓出處，許其通婚媾。結婚之始，非舊委
怠，必須精加研究，知其囊譜相承不虛，然可為匹。其三百九十八姓
之外，又二千一百雜姓。非史籍所載，雖預三百九十八姓之限，而或
媾官混雜，或從賤入良，營門雜戶、慕容商賈之類，雖有譜亦不通。
或有犯者，則除籍。」可見當時通婚制度十分嚴格。我們若利用這些姓
望譜來考察各姓望的興衰變故，相信對描述古代社會面貌也十分有益。

除了這些，敦煌文學作品也有關於浙江的資料，例如 P.3808《長興
四年中興殿應聖節講經文》[6] 中的一段：

我皇帝去奢去泰，既掩頓於八荒，無與無事，乃朝宗於萬國。祇
如兩浙，遠隔蒼〔波〕，感大國之鴻恩，受明君之爵祿。長時有貢，志
節寧虧？天使行而風水無虞，進貢來而舟航保吉。龍扶神助，過萬里
之蒼波；帆展風生，表千年之聖德。兩浙宣傳知幾回，全無飄蕩不虞
災。人攢丹闕千年主，風蹴輕帆萬里開。鯨眼光生遙（搖）日月，蜃
龍煙吐化樓臺。還解知道貢明主，多少龍神送過來。

這一段寫的是後唐明宗在應聖節（皇帝生日）裏接受吳越王錢鏐的貢
品，顯示了吳越國與後唐的政治關係，錢鏐得到後唐的封王，明宗得
到了吳越王的進貢，各得所求，相安無事。

---

6 以下兩篇變文與此篇同被收入《敦煌變文集》（人民文學出版社 1957 年版），引文已
根據原卷作了校改。

　　又如《伍子胥變文》，則是展示東周列國形勢、描述伍子胥悲慨一
生的奇文。此文共有四個寫本，可惜都是殘卷。不過我們把它們互相
拚接之後，基本上還是一篇完整的變文。這篇變文的敘事依據是《吳
越春秋》、《越絕書》，但又不限於此，凡是能與伍子胥故事扯上關係的
資料都被集中到變文中來了。因此，這篇變文的資料價值值得注意。
變文分為兩大部分，前半寫伍子胥借吳國力量殺楚報仇，後半寫伍子
胥遭讒被殺而越軍滅吳。後半的開頭寫道：

　　後乃越王勾踐，興兵動眾，來伐吳軍。越國賢臣范蠡諫越王曰：
「吳國賢臣伍子胥，上知天文，下知地裏（理），文經武緯，以立其
身。……王今伐吳，定知自損。」越王言：我計策以（已）成，不可中
途而罷。」遂乃興兵動眾，往伐吳軍。其吳王，越兵來伐，遂遣國相伍
子胥將兵往伐。子胥領兵共越兵交戰，殺越兵夫，橫屍遍野，血流漂
杵。越王見兵被殺，遂共范蠡投西（栖）會稽山避難。越王共范蠡向
伍子胥邊進言曰：「吾見國相為父報仇，遂來相看，無有往伐之意。」
子胥聞此言：「我不緣賢臣范蠡之言，越王合國死矣！」……

描寫越王在伍子胥生前就向吳國討伐，結果大敗，幸虧范蠡機智，為
這次出兵找了一個藉口而得以退軍。然而我們在《吳越春秋》卷十《勾
踐伐吳外傳》所見却是：

　　勾踐十五年，謀伐吳，謂大夫種曰：「孤用夫子之策，免於天虐之
誅，還歸於國，吾誠已說於國人，國人喜悅。而子昔日云：有天氣即
來陳之。今豈有應乎？」種曰：吳之所以強者，為有子胥。今伍子胥
忠諫而死，是天氣前見亡國之證也。願君悉心盡意以說國人。」……越

王復召范蠡，謂曰：「吳已殺子胥，道諛者眾。吾國之民又勸孤伐吳，其可伐乎？」范蠡曰：「未可。須明年之春，然後可伐。……其夏六月丙子，勾踐復問，范蠡曰：可伐矣！」……以乙酉與吳戰。丙戌，遂虜殺太子。丁亥入吳，焚姑胥臺。吳告急於夫差，夫差方會諸侯於黃池，恐天下聞之，即密不令洩。已盟黃池，乃使人請成於越。勾踐自度未能滅，乃與吳平。

我們兩相對照，會發現二者區別很大，特別是《吳越春秋》的伐吳乃在伍子胥死後，主伐者乃是范蠡本人，雖未滅吳却是大勝而歸。當然，變文乃是小說傳奇之類，未可視為史料，但《吳越春秋》、《越絕書》等也都只是根據傳說編著，因此正可互相補充。

在變文中還有一篇與浙江有關，這就是 S.6836《葉淨能詩》原卷首殘，但有「葉淨能詩」四字尾題。這篇除了尾部有一首詩讚之外，其餘全是散文，是傳奇性的變文。文章開頭説：在會稽山的會叶觀，有一女道士精通道術，葉淨能就留在道觀中學習：

淨能年幼，專心道門，感得天（大）羅宮帝釋差一神人，送此符本一卷與淨能，令淨能志心勤而學：「勿遣人知也。得成，無所不遂，……」須史之間，淨能不見神人。當時傾心在道，更無退心。便開符讀之，　下分明，悉住（注）鬼神名字，皆論世上精魅。……淨能便於會稽山內精法，人（上）應天門，下通〔地〕理，天下鬼神，盡被淨能招將，神祇無有不伏驅使。

這位葉淨能道士學成之後，便開始遊歷長安，一路上大顯神通，遇江河則「書符一道，拋向水中，其水枯竭，淨能即行」，遇廟神攝取張令

妻生魂為妾則「取雄黃及二尺白練絹，畫道符吹向空中，化為一大將軍。……**拔**劍上殿，便擬斬岳神」，使岳神交還張令妻。到了長安以後，又發符籙為人治野狐精魅之病、為唐玄宗取仙藥、帶唐玄宗乘雲遊蜀都、遊月宮等，最後因遭高力士讒言而被唐玄宗猜忌，在皇帝設計謀害之時逃入柱子中，這才歸了大羅天。這個葉淨能，歷史上確有其人（「淨」字通常寫作「靜」）。不過，葉淨能與唐玄宗不同時，乃唐高宗時人。《太平廣記》卷二六「葉法善」條：「叔祖靖能，頗有神術。高宗時入直翰林，為國子祭酒；武后監國，南遷而終。」因而葉淨能（靖能、靜能）乃是葉法善之叔祖，卒於唐玄宗登基之前。與唐玄宗同時而有密切關係的歷史人物是葉法善，變文把二人的事迹和傳說併歸葉淨能一人了。這種混亂在傳世筆記小說中也很多，如《太平廣記》卷三〇〇「葉淨能」條（出自《廣異記》）：「開元初，玄宗以皇后無子，乃令葉靜能道士奏章上玉京皇帝，問皇后有子否。久之章下，批云：『無子。』迹甚分明。」這也是葉法善的事。我們在《全唐文》卷九二三可以見到葉法善的《乞歸鄉表》，唐玄宗則有《答葉法善乞歸鄉表批》相應。葉法善另有《乞歸鄉修祖塋表》、《乞回贈先父爵位表》、《報弟子仲容書》及載於《全唐詩》卷八五九的《留詩》三首。唐玄宗另有《封葉法善越國公制》、《贈葉法善越州都督制》、《葉法善碑銘並序》略云：

　　師諱法善，字道元，……則今為古括人也。至隋大業，歲在景子，法師是生，凡六百四十二甲子；洎我開元，歲在庚申，形解昇去，則春秋百有七矣。……嘗從朕遊，仰之彌高，……朕可推而尊之，不可得而臣也。……初，師甫七歲，涉江而游，迨及三年，人以為溺。及還，問其故，則曰：「三童子引之，憩於華堂峻守，咽靈藥，

吸靈漿，太上鎮之，是以留也。」十五中毒死，又見昔青童。曰：「天台茅君飛印印其腹，始殊悶絕，良久豁然。」師以靈應感通，殊尤若此。遂乃杖策遊諸名山，遠訪茅君而遇，岳骨上起，目瞳正方，冰雪綽約，嫣然微笑曰：「爾來乎！爾名已登仙格，身逢魔試，故此相救，宜免之。當以輔人弼教為意，無汲汲於去來也。」由是便於青城趙元陽受遁甲、步元之術，於嵩山韋善俊傳八史、雲蹻之道，宴息於括蒼、羅浮，往還於蓬萊、方丈、靈圖、仙符、真度、寶篆、生券、冥感空傳。……或徵召鬼物，使之立至；呵叱群鬼，奔走眾神，若陪隸也。故海內稱焉。……

我們仔細分析唐玄宗的這篇碑銘，可以知道葉淨能的故事就是葉法善的故事，而葉法善的故事如此流行就是因為唐玄宗的大肆吹噓和渲染。從這篇變文我們也了解到浙江的括蒼山、會稽山曾經是道教勝地。

　　敦煌文獻共有五萬多卷寫本，如果我們仔細搜索一遍，還會有更多重要的浙江文化史資料發現。

（原載《浙江社會科學》1995 年第 1 期）

敦煌語言文學研究者的一次興會
——1988 年中國敦煌吐魯番學術討論會側記

由中國敦煌吐魯番學會主辦的 1988 年中國敦煌吐魯番學術討論會，於 8 月 20 日至 25 日在北京舉行。會議共收到論文 146 篇，其中國外學者 16 篇。這些論文的內容涉及歷史、語言文學、藝術、宗教、考古、文獻目錄及少數民族歷史語言等方面，討論時基本上就是按上述內容分為八個小組進行（語言文學分成兩組）。現將語言文學方面的討論情況綜述如下：

一、語言方面

語言方面的討論主要集中在第一組，主持人為郭在貽、項楚。郭在貽先生因身體欠佳未能到會，因此會議由項楚、袁賓先生主持。周祖謨先生繼《唐五代韻書集存》出版之後，又完成了《敦煌唐本字書》的輯錄校訂，這次會議期間展銷的《敦煌語言文學研究》一書中即收了周先生對該書的敘錄，將眾卷分為「童蒙誦習書」（《開蒙要訓》等）、「字樣書」（《字樣》、《正名要錄》等）、「物名分類字書」（《俗

務要名林》等）、「俗字字書」（《字寶》等）、「雜字難字等雜抄」（《諸雜字》、《難字》等），對每類中重要的卷子都作了考訂和敘録，是敦煌字書研究者必須參考的文章。週一良先生是著名史學家，也是一位訓詁學家，他的《魏晉南北朝史札記》便訓釋了許多俗語詞和各種特殊詞彙。這次會上周先生提交的論文《説「宛」》，以敦煌文獻中「宛」、「充」字形混而難分的事實證明日語中的「宛」（義為「充當」）實際上是「充」字之訛，澄清了一個日本人自己也搞不清的常用漢字的來歷，也反映了周先生學貫中外的特點。周先生精通日語、英語等，討論會上立即與來自日本日中學院的砂岡和子女士用日語談話。砂岡和子提交的論文是《唐五代識字字典的口語書寫與標音特點》，她走上講臺一邊在黑板上書寫一邊説著頗為流利的漢語講解她的論文。她曾經校理過非常重要的敦煌字書《字寶碎金》，本文就是在此基礎上探究了唐五代敦煌流行的識字用字書在用字、標音、韻次等方面的共同特點，以及這些俗字書對當時的白話運動所起的作用。在砂岡和子之後，另一位日本青年語言學家高田時雄發表了他對唐五代西北方音特點的主要觀點，認為在吐蕃統治敦煌之前，敦煌語音是接近中原的，可劃定為河東方言；吐蕃統治之後，語音逐漸接近西邊，因而可劃定為河西方言。這個觀點結合了歷史的變化，很有説服力，大家表示贊同。後來高田先生還在大會上發言重新強調了他的觀點。關於音韻的還有李丹禾的《從敦煌卷子推測唐人對切韻系統諸韻書之刊補大例》和黃家全的《敦煌方言初探》，都在會上作了討論和交流。

校勘、訓詁是討論的重點，主要是關於王梵志詩與變文的。項楚先生的《列 1456 號王梵志詩殘卷補校》是作者在發表了多篇關於王梵志詩校釋的論文之後的又一重要論文。在把握王梵志詩的主要內容的前提下，通過種種論證手段補校了許多時賢所未校出的錯誤或殘句殘

字。此外，來自西德的葛蓮（Kehren. Dorothee）提交的《P.3877中一些王梵志詩研究》對該卷所存王梵志詩進行了校理。變文方面，主要有楊雄的《〈敦煌變文集〉校勘中之對校》，強調核對原卷的重要性，指出以往補校文章大多未核原卷造成的誤校、漏校情況十分嚴重；郭在貽、張湧泉、黃征合寫的《關於敦煌變文整理校勘中的幾個問題》、《〈敦煌變文集新書〉校議》兩篇論文，前者通過一些典型例證的分析指出：（一）必須通曉俗字；（二）必須明了方言俗語以及佛教專門術語；（三）必須諳熟當時的書寫特點；（四）必須尊重原文，不可輕加改訂。後者則針對臺灣學者潘重規先生的《敦煌變文集新書》新校部分進行匡補和商榷。嗣後，張湧泉先生還在大會討論上作了發言，介紹了《變文集》匯校工作的進展情況。此外，俞忠鑫的《釋「攢蚖」》、劉瑞明的《敦煌抄卷〈百鳥名〉研究》、童光俠的《〈破魔變文〉語詞札記》等也在會上作了交流。袁賓先生的《敦煌文獻語法札記》是作者在發表多篇語詞校釋論文之後的一種新的嘗試，將目標轉向了口語語法。喬偉（Chiao Wei，聯邦德國）的《敦煌變文與話本在虛詞使用上的比較》也是屬於語法方面的。

少數民族歷史語言方面主要有王堯的《敦煌本藏文〈賢愚因緣經〉及其譯者》、黃盛璋的《關於回鶻四篇敦煌于闐文書疏證》、高田時雄（日本）的《五姓說在敦煌藏族》、裴・克文奈（Per Kvaerne，挪威）的《釋藏文術語「苯」》等，也進行了熱烈的討論。

二、文學方面

這方面主要集中在第二組，由周紹良、顏廷亮先生主持。季羨林、劉銘恕、李正宇、程毅中等都參加了這一組的討論。與語言方面的俗字、俗語詞、俗語法（口語語法）、俗音韻（西北方音）研究相一致，文學方面的研究主要集中在俗詩、俗文（變文等）、俗曲上，都帶

一個「俗」字。從提交的論文來看，大致可分成三類：（一）敦煌文學分類；（二）俗文學淵源考論；（三）作品考訂。第一類就只有韓建瓴的《關於敦煌文學分類的一點淺見》一篇，認為敦煌文學可分為古代、近現代和當代三個時期，中古時期又包含少數民族文學和漢民族文學兩個方面，漢民族文學又可分正統文學、通俗文學、宗教文學三個部分。第二類論文最多，如程毅中的《敦煌俗賦及其與變文的關係》、李正宇的《試論敦煌遺書〈禪師衛士遇逢因緣〉（擬名）──兼談〈諸宮調〉的起源》、吳肅森的《論敦煌佛曲與詞的起源》、曲金良的《變文的講唱藝術──轉變考略》、閻萬鈞的《俗講與變文》等皆是。程毅中先生認為，敦煌俗賦的淵源一直可以推到秦漢的文賦；俗賦與演說歷史故事的變文是時代較早的作品，初唐時的《遊仙窟》是俗賦體小說；賦予變文並無截然界限，變文採用四言、六言較多，與敘事體俗賦更為接近。李正宇先生認為《禪師衛士遇逢因緣》與《張協狀元諸宮調》相比，在形式上沒有明顯不同，因而諸宮調的雛形一直可以推至盛唐時期，這比以前認為最早的諸宮調作品起於北宋的觀點在時間上要提前許多。吳肅森先生認為詞的起源與敦煌佛曲有關，佛曲無論在結構上還是音樂上，都給當時以及後世的作家以強烈的影響。第三類論文主要有周紹良的《〈讚僧功德經〉校錄並解說》、白化文的《〈須大拿太子本生因緣〉殘卷校錄並解說》、張錫厚的《敦煌詩歌考論》、顏廷亮的《〈白雀歌〉新校並序》、龍晦的《敦煌曲〈五更轉兼十二時‧維摩託疾〉跋──維摩詰文學試論之一》張鴻勛的《敦煌俗賦〈茶酒論〉與「爭奇」型故事》、高國藩的《王昭君故事研究》等。周紹良先生認為，《讚僧功德經》係據《阿含經》中相關材料選編改寫而成，體裁與《季布罵陣詞文》相類，亦為「詞文」體，乃俗講法師為在俗講中使用而編製的。白化文先生認為，《須大拿太子本生因緣》乃據經文變化鋪

敘而成，且加有詩句；但不見「對圖唱詞」的變文類型痕跡，亦不見法師、都講兩人合作講誦經文的講經文類型痕跡；似為一人講誦，具有早期的簡略的「說因緣」底本形態。張錫厚先生近年來一直致力於敦煌文學作品的校輯，如敦煌賦、敦煌詩等；《敦煌詩歌考論》將敦煌詩劃分為敦煌詩人之作、釋氏佛徒之作、敦煌民間詩歌、敦煌佚存唐代詩人之作等四類，每類下再細分若干類，舉例甚眾，考論甚周，是整理敦煌詩歌的論證性提綱和線索。顏廷亮先生對《白雀歌》重新作了校勘，糾正不少缺失，所據本子比常見的多一個李海舟先生錄本。龍晦先生對維摩詰故事試作了系統研究，這裏所見的是對《五更轉》、《十二時》等敦煌曲的考論，可與變文中的一些篇相參閱。張鴻勛先生對「爭奇」型故事作了比較研究，認為故事賦《茶酒論》與藏文《茶酒仙女》、小說《茶酒爭奇》等皆有一定的源流關係。高國藩先生則考論了歷史上王昭君故事的源流，對《王昭君變文》等提出了一些新的見解。

　　參加文學組討論的還有台灣學者林聰明及日本、德國學者等，海峽兩岸及東西方的學者們興會一堂，互相切磋琢磨。「敦煌在中國，敦煌學在世界！」季羨林會長的話是這次學術討論會基本精神的最好概括。

有關「敦煌學三書」的撰著情況

　　所謂「敦煌學三書」是指由我們三人組成的課題組進行撰著的三部敦煌學著作——《〈敦煌變文集〉校議》、《敦煌變文集新編》、《敦煌俗字典》。其中第一種已基本完稿，第二種將於 1989年完稿，第三種1990 年完稿。現將有關撰著情況分述如下：

一、《〈敦煌變文集〉校議》

　　《敦煌變文集》（簡稱《變文集》）為王重民、王慶菽、向達、周一良、啟功、曾毅公六名著名學者聯合編校，人民文學出版社 1957年出版，1984 年又重印。此書出版後，一直受到學術界的普遍歡迎，臺灣曾予翻印，日本、香港等國家和地區皆有相應的研究著作出版。但是，由於當時的學術條件所限，許多卷子是靠傳錄和攝成照片用放大鏡放大後校錄的，難免有些錯誤；有的卷子藏在蘇聯等國，根本就見不到。更由於當時整個學術界對敦煌俗字、俗詞語的研究還很不夠，許多字、詞認不準、解不透，當然也就無法正確校錄了，何況敦煌卷子（尤其是抄寫俗文學等的「雜卷」）本來誤、脫、衍、倒的情況就十

分嚴重，故《變文集》問世後，徐震堮、蔣禮鴻等先生率先對它進行了補校和考釋，尤其蔣著《敦煌變文字義通釋》，已成為研讀一切敦煌文獻的必備工具書。嗣後，劉堅、郭在貽、項楚、陳治文、袁賓、江藍生等數十位專家也進行了大量補校工作，到目前已有 120 篇以上這方面的論文。

然而，以往絕大多數的補校論著存在著一個致命的弱點，即未能核對原卷（或縮微膠卷、照片、靜電複印件）。研究者若不閱讀一定數量的原卷，勢必對卷子中的俗字規律、書寫體例以及《變文集》誤錄、漏錄、闕文情況等無法了解或了解不足，郢書燕說自亦難免。只有臺灣學者潘重規先生的《敦煌變文集新書》（臺灣「中國文化大學」中文研究所 1984 年初版）是基本核對了《變文集》所有卷子的（《李陵變文》、《王陵變文》戊卷等現藏北京未公佈者除外）。潘書的主要成就在於對每個卷子的原貌及時代等作了較詳細的描述和說明，將《變文集》原卷錄寫錯誤的加以糾正，把大量的《變文集》漏略的各卷異文增輯出來，以及一部分俗字、俗語詞的辨別。潘書還保留了《變文集》所有的校記。然而，潘書也存在着一些不足之處：1.未能吸收《變文集》出版以來各家的補校成果，只有《敦煌變文字義通釋》和臺灣發表的少量論文作為參考，連最早發表而份量頗為不小的徐震堮先生的兩篇補校論文也未提及（只列入論著目錄）。就是《通釋》，也只吸收了一部分，因為潘先生見到的是該書的第二版（潘書在《捉季布傳文》「拔馬」一詞時引蔣說為「拔就是撥」，經查核，這條只見於蔣書第二版，第三版已改釋為「回轉」，不再將「拔」等同於「撥」了，可證潘氏所見為第二版），而第三版比第二版字數增加了 2.8 倍多。2.潘書仍有不少漏校者。潘書對原文的核準貢獻較大，對那些原卷本身存在的誤字、俗字、假借字等的校勘就稍嫌不足，因而有不少漏校的。3.潘書還

有一些誤錄、誤校的。如《伍子胥變文》「水貓遊猋（獺）戲爭奔」句，「獺」字《變文集》誤錄為「撻」，潘書則謂原卷作「健」，形成新的誤錄；又如《王昭君變文》「害非單布」句，「害」為「宍（肉）」之訛，潘書誤校為「蓋」。4.異文仍有一些漏輯的。

由上述情況可知，敦煌變文的整理目前尚未達到令人十分滿意的水平，潘書也只是一家之說。有鑒於此，我們從 1987 年初就着手進行了《變文集》的校議和匯校工作。我們首先將《通釋》及百餘篇校勘方面的論文全部按《變文集》頁碼分篇剪貼，使得各家校說一目了然（可能稍有遺漏，因有的論文我們也可能未見到）；然後我們花費了大量時間核對了《變文集》所用卷子的縮微膠卷（《李陵變文》等無縮微膠卷，我們看的是原卷。《搜神記》原卷流入日本，各家皆未見真跡），逐字逐句，皆有詳細的描摹、記錄。在此基礎上，我們逐篇逐字地進行了校理，寫出了各篇變文的補校論文，有的已在《浙江學刊》等刊發表，有的將在《文史》、《文獻》等刊發表。現在，我們將這些已刊、將刊和尚在箧篚的補校文章集為一書，刪其重複，補其罅漏，附以《敦煌變文校勘釋例》等，約可達三十萬字。我們首先撰寫此書的目的，是向學術界廣泛徵求意見，以便為下一步編撰匯校性的《敦煌變文集新編》打下基礎。

約略言之，《校議》主要具備以下幾點特色：

（一）不重複前人的成果。我們在最後統稿時將刪去到那時為止的前人已經講過的東西，包括潘書中已校的（我們有幾篇文章撰寫時尚未見到潘書，雖然潘書 1984 年即已出版）。由於參與變文校勘的學者很多，同一條有四五人校說完全一樣、例證也相彷彿的可以舉出許多例子，我們則力圖避免重複。當然，有些條前人或時賢雖已論及，但我們如有更充足、直接的證據的，仍予保留。

（二）在方法上，查核原卷與引證文獻結合，力圖避免盲目猜測和證據單薄的缺點（大致説來，未見原卷者長於引證而易陷臆測之泥潭；查核原卷者則長於核準文字而易流於證據單薄）。

（三）在印刷上，擬用繁體抄寫影印的方法，以便照描手書，免於魚魯豕亥之弊。

《校議》的內容，主要有六：

（一）對《變文集》原録的補正。這方面潘書已大多解決問題，但仍有遺漏。如《葉淨能詩》「其淨能在於側近店上宿」句，「上」字原卷實作「止」，潘書（1104頁）仍襲《變文集》之誤。又如《唐太宗人冥記》首句：『（前缺）閶使人□□□□□□□□□□罪未了，……」「閶」字原卷實作「問」，即「闐」之俗字（見《龍龕手鏡》），潘書亦未校正。「闐」與「填」等同音字皆可用以表車聲，「闐使人」不可連讀，「闐」字屬上。又闕文十一個，其中有些原卷尚可録出，潘書亦未補録。有人據《變文集》誤録之「閶」推測必為「閶王」，遂臆補十一字，其實與原卷無一字相合。

（二）對《變文集》原校的商榷。《變文集》有兩種校法，一是隨文用括號形式校正原文，一是用校記形式記録異文和表述校説。在這兩部分中都存在不少問題，我們對此進行了審議。如《韓擒虎話本》「與揆（換）腦蓋骨去來」句，「揆」字原括號內校作「換」諸家亦未提出異議。我們則認為「揆」即「揆」之俗字，《龍龕手鏡》：「揆，胡計反，換也。」

（三）對《變文集》録寫不誤而當校未校者，以及各家雖校而未確者，我們皆力圖予以出校和證明。如《舜子變》「瞽叟淯吾之孝」句，或校作「瞽叟因悟子孝」，或校作「瞽叟暗悟子孝」，我們則認為當校作「瞽叟泣日：『吾之孝子！』」因為敦煌寫卷中「日」通常皆作「日」

（相反，「日」却常寫作「曰」），「泣曰」二字誤合為一字（潘重規先生亦疑為二字誤合而無證明）。

（四）對《變文集》標點方面的錯誤，我們也擇要予以指出，因為標點正確與否對理解文義至關重要。

（五）對一批重要的俗字，尤其是牽涉到字句校改者，都分別予以考證。同時，我們還順便考釋了一些俗語詞，既是對文義的疏通，也是對近代漢語詞彙史研究的一點積累。

（六）一些附錄，主要是我們在校讀敦煌變文和其他敦煌文獻過程中概括出來的校勘釋例、異文釋例和俗字理論等，這既是我們現階段認識水平的標誌，也將為學術界同行提供校勘敦煌文獻的點滴借鑒。

二、《敦煌變文集新編》[1]

呂叔湘先生在評論《敦煌變文字義通釋》一書時曾指出：「變文的抄寫者多數水平不高，字形訛誤很多。本書的考訂完全根據《敦煌變文集》的印本，如能核對顯微膠卷，可能效果更好。說實在的，《敦煌變文集》的校訂工作是很不夠的，需要吸收這些年來的校勘成果出版一個新的本子。」（《中國語文》1982 年第 3 期）正是由於呂先生的啟發，我們才著手進行《敦煌變文集新編》的編校工作。

《敦煌變文集新編》（簡稱《新編》）是一部《敦煌變文集》的匯校本和增輯本，它將具有以下內容和特點：

（一）彙集了各家的校勘成果，包括《敦煌變文字義通釋》，一百多篇論文和《敦煌變文集新書》（簡稱《新書》，詳見前）所取得的成果，還包括《變文集》本身所有的成果和我們寫入《〈敦煌變文集〉校

1　後來出版時定名為《敦煌變文校注》，黃征、張湧泉二人署名，中華書局 1997 年出版。因當時吳熊和等先生認為郭在貽先生在此書編寫之初便已逝世，不再適合一起署名，所以只署兩人之名。

議》中的成果。潘重規先生的《新書》保留了《變文集》的全部校記，這當然是態度謹嚴的表現。但這樣就得在每條校記上寫上「變文集校記」或「規（潘重規）按」等字樣，比較費辭。我們覺得純客觀地出校「某卷某字作某」的校記可以不必註明出校者，而對於各家的校說則必須一一註明。如《變文集》194頁校記〔三〕：「週一良云『何似生』，即言怎生也。例如，……」這樣的校說我們都將註明校者為誰。

（二）《新編》的編校不是光靠羅列各家校說就行的，它的完成除了有我們自己的校勘成果外，還要對各家校說進行是非案斷，提供給讀者一種較可靠的說法。因此，在校說紛紜的字、詞上，我們都表示了自己的見解或傾向。

（三）《新編》雖說以校勘為主，實際上也包含一些註釋。這些註釋主要是針對那些難認難解的字、詞而作的，目的是釋疑袪惑。

（四）《新編》將比《變文集》及《新書》所收篇目更多，增輯蘇聯所藏講經文、押座文若干種和英、法藏卷、北圖藏卷中的一些篇目，並且都經過仔細地校理。對於《變文集》中的一些非變文作品，我們與潘重規先生意見一致，仍予保留，只是卷次可以作些調整。因為這些作品（如《搜神記》）雖與變文之名不符，但內容上有聯繫，形式上有比較，尤其是研究語言的都以之為基本文獻材料，如果刪去，讀者也就再也找不到它們的匯校本了。

（五）《新編》除匯校原文外，還擬附錄一些相關的內容，如《敦煌變文論著目錄》、《敦煌變文俗語詞索引》、《敦煌變文俗諺、成語索引》之類，可供讀者參考、使用。此外還將增設一些圖版。

（六）《新編》全書包括原文、校記及附錄等，一共約八十萬字。

三、敦煌俗字典 [2]

　　所謂敦煌俗字是指見於敦煌文獻的在當時社會上非常流行的手頭異體字。它的時限主要是南北朝、隋、唐、五代、宋初，因此反映了中古文字的實際使用狀況。宋代刻書盛行，國家初期處於大一統局面，促使文字也漸趨統一。但是，手寫俗體的影響並未因此而消失，許多刻本（包括明、清時期的刻本）仍有明顯的痕跡。直到今天，漢字已經規範化，但街頭巷尾的標語、招牌上還是可以找得到這種不規範的俗體字。因此，敦煌俗字的匯編、考訂，不僅對研究敦煌文獻有重要意義，而且對校勘刻本書也有重要意義。今天簡化字的研究也有必要從中尋找根據。

　　俗字的研究，北齊的顏之推已肇其端，其子顏愍楚復有《俗書證誤》之作。唐代顏元孫的《干祿字書》、遼代釋行均的《龍龕手鏡》等是現存俗字字書中較為重要的。在敦煌卷子中，則有根據顏師古《字樣》而加考訂補充的《字樣》（作者未詳）、郎知本的《正名要錄》，合抄於一卷（S.388）還有佚名的《新商略古今字樣》（S.6208、S.5731），《雜集時用要字》（S.610）以及《字寶碎金》《俗務要名林》之類，還有大量的佛經音義等，都是俗字書。但這些俗字書除了都是殘卷的缺陷外，大多是分類選輯一些俗字，收的字非常有限，最多的大概就應屬《雜集時用要字一千三百言》（S.610）了，因為標出這個字數顯然是帶有誇耀性的。近人編的俗字書，主要有劉復的《宋元以來俗字譜》、秦公的《碑別字新編》、日本學者太田辰夫的《唐宋俗字譜》和臺灣學者潘重規的《敦煌俗字譜》。《唐宋俗字譜》只有《祖堂集》部分，即收

2　《敦煌俗字典》2005 年由上海教育出版社出版。因當時人各東西，且各自都有重大項目，故未能繼續合作，黃征獨自完成出版。

集了出現於刻本《祖堂集》中的俗字；《敦煌俗字譜》只取材於臺灣所藏卷子，收錄的字也很有限。現在我們編集的《敦煌俗字典》，將以《敦煌變文集》、敦煌寫本王梵志詩、《唐五代韻書集存》、敦煌字書、音義等的各個卷子為主要材料，同時兼及佛經、道經等內容的卷子，點、面結合，力圖反映敦煌俗字的總貌。《敦煌俗字典》將具備這幾方面的內容：

（一）俗字理論。我們不同意俗字是毫無規律一團糟的觀點，也不把它等同於簡化字。我們通過對大量俗字的排比、綜合以及歷代俗字理論（如「俗」、「通」、「正」、「相承用」等概念）的探討，對俗字的形體、興廢等問題，概括出一些前人所未注意的規律，粗略地形成一套俗字研究的理論。對俗字理論的闡述，我們將放在前言中或作為附錄。

（二）按序編定俗字，將一個字的各種俗體排列在一起，每個俗字下面標明所用的卷號。這裏，我們排列的各俗字在形體上有一定的變化，如僅是長一些、短一些之類的一概不重複。

（三）對一些重要的俗字加以考證，以按語的方式出之。如某個見於敦煌卷子的俗字，在六朝碑別字中已有，或已收入《干祿字書》、《龍龕手鏡》之類，或者某個敦煌俗字在《干祿字書》列為俗字，在《龍龕手鏡》則定為正字，等等，皆略作考訂而寫入按語中。

（四）書後尚有附錄數種，如檢字索引、俗字偏旁表和可作偏旁用的俗字表、歷代俗字研究論著目錄、本書使用卷子一覽表等。

（五）本書將採用手寫影印的方式印刷，既可免去排印刻字之苦，也可免去採集原卷照片所形成的模糊、占面積之弊。當然，我們的手寫是嚴格照描原卷的。

目前我們正在進行俗字採集、歷代俗字書參證和俗字理論的探

討、闡述工作，擬於明年下半年開始編排，到後年（1990）下半年完成。

1988 年 10 月 5 日於杭州大學古籍所

（本文原與郭在貽、張湧泉聯名刊於《古籍整理出版情況簡報》第202 期，1988 年 12 月。其中《敦煌變文集新編》即後來中華書局出版的《敦煌變文校注》）

貴在有所發明
──蔣禮鴻先生的精品意識

　　蔣禮鴻，字雲從，浙江嘉興人，1916 年 2 月 16 日誕生。少年時就讀嘉興秀州中學，畢業後保送之江文理學院，受業於夏承燾等先生。現為杭州大學中文系教授、漢語史博士生導師、中國敦煌吐魯番學會顧問、浙江省敦煌學研究會副會長。代表作《敦煌變文字義通釋》曾獲吳玉章獎金一等獎。另有《商君書錐指》、《義府續貂》、《懷任齋文集》、《古漢語通論》等著作。

　　蔣禮鴻先生是我國著名的訓詁學家、敦煌學家，素以學風嚴謹、學問精深著稱。記得我在 1982 年讀本科時，為慕先生盛名，曾悄悄跑到杭州大學旁聽先生執教的「工具書與目錄學」課。先生操一口帶著嘉興方音的普通話，正襟高座，聲音清亮，我至今記憶猶新。我當時做夢也想不到八年之後能進入雲從師門下親承旨教，因為那時我覺得與先生的距離太遙遠了。不過我在拜師之前，倒是認認真真地把先生

的幾部著作都仔細讀過。通過先生的書和言傳身教，我時常在揣摩：什麼是先生最突出的治學特點？我得出的結論是：「有所發明。」先生還寫下了這四個字給我，我一直奉為墨寶。

這裏說的「發明」，當然不是像發明家那樣發明某種東西並可獲得專利的意思，而是說發前人之所未發，闡明獨到的學術見解。當然這與發明家的發明在某些特點上仍可類比。雲從先生指導學生很少直說治學方法，而是讓我們自己去「證悟」。不過我在先生第一部著作的序、跋中還是找到了夫子自道的治學方法。這部書收在中華書局《新編諸子集成》第一輯中，表面看來只是一般的古籍整理，但實際上卻反映了雲從先生的治學精神和對《商君書》的獨到見解。先生二十七歲時下筆，越二年寫定，在民國時曾獲教育部成果獎，因而先生談及此書時總是表露出滿意的微笑。書的《後敘》說：「於是作而嘆曰：昔王菉友治許叔重書，稱唯嚴氏不欺。余疾夫欺誕以嘩世者。若此書者，其庶幾不欺矣乎？」所謂「不欺」，就是實事求是，不掠人之美，注重發明，與《敘》中說的「發正」基本上是一個意思。由於雲從先生在一進入學術研究時就十分注重有所發明，所以在後來的《敦煌變文字義通釋》中便更加成就突出，以致該書成為敦煌文獻研究者人人案頭必備的參考書。學無止境，生也有涯。一位學者如果既想多所發明，又想「著作等身」，那是十分困難的，這就是孟夫子所說的魚與熊掌不可兼得的道理。雲從先生「無所不知，有所不言」（郭在貽先生為雲從師七十大壽引沈子培評陳蘭甫語，見文廷式《純常子枝語》），把時間和精力都集中在「有所發明」這一點上，文章不寫半句空，用現在流行的話說就是「精品意識」特別強。早在《敦煌變文集》（人民文學出版社 1958 年版）出版的次年，雲從先生就出版了《敦煌變文字義通釋》，第二年出版增訂本，1981 年出版第二次增訂本，1988 年出版第

三次增訂本，如今先生雖已年近八旬，但還在作第四次增訂工作（據
悉上海古籍出版社正準備將此書再版）。我把這幾種版本的原書找來，
仔細比較每一新版與前一版有何不同，除了發現一版比一版厚實之
外，還發現每一條目下的材料都比以前充實，結論比以前精確，有的
條目則作了刪併和改寫。不過最大的發現（也許別人未必留意）却是：
每次增加的都是有所發明的條目。那些明白易懂無需考釋的字詞或別
人已考明而無需辨釋的字詞，概不闌入。因此，這部《敦煌變文字義
通釋》堪稱是雲從先生「貴在有所發明」的精品意識的集中表現。試
想一下，如果雲從先生不是數十年苦心經營這樣一部精品書，而是「旁
攬博收」，編一部大而無當的某某《大詞典》，並非不能勝任，但先生
的「精品意識」却使自己選擇了前者的精雕細琢。在雲從先生的書房
壁上，我們還可看到這樣幾幅字：「確乎其不可拔　雲從錄此，以銘座
右。」「海納百川有容乃大，壁立千仞無欲則剛。」「窮窠。」這些都
折射出雲從先生以學術為己任、精益求精、不隨時俗浮沉的堅毅精
神。有趣的是「窮窠」二字寫得特別挺拔有神，令人稱嘆，真所謂
「窮」而後能工！

　　為了更好地說明雲從先生的治學精神，我們不妨舉一條《敦煌變
文字義通釋》的考證來分析。該書1960年3月第二版第二次印刷：

拔　就是撥，音近假借。捉季布傳文標題：「大漢三年，楚將季布
罵陣，漢王羞恥，群臣拔馬收軍詞文。」（頁21）詞文又說：「拔馬揮
鞭而便走。」（頁53）「拔馬」就是「撥馬」，正像「拔頭」又作「撥頭」
一樣。《敦煌曲子詞集》，婆羅門：「錫杖鉢天門。」「鉢天門」就是「撥
天門」，這也和「撥頭」又作「鉢頭」一樣。唐人嚴武巴嶺答杜二見憶
詩：「跋馬望君非一度，冷猿秋雁不勝悲。」這是答杜甫寄他的詩而

作；杜詩：「遙知簇鞍馬，回首白雲間。」「跋馬」和「撥馬」同，就
是撥回馬頭的意思。又杜甫江漲詩：「漁人縈小楫，容易拔船頭。」「拔
船頭」就是轉船頭，和拔馬的意義也一樣。……

這一條考釋，結論又見於同版書「拔頭　鉢頭　撥頭」條，釋為「披
頭散髮」，也認為「拔」通「撥」、「鉢」。但是，細心的讀者會發現在
1981年第三次增訂本中刪除了「拔頭　鉢頭　撥頭」條，「拔」條也作
了修改：拔　跋　回轉。……『拔馬』就是回馬。玄應《一切經音義》
卷五，不必定入印經音義：『拔身，蒲末反，回也。』現在浙江嘉興、
平湖一帶謂轉過去為拔，讀如 b^，如云拔轉頭去一看；拔轉身去。這
是古語存於方言的。……」修訂不僅增加原文兩倍的材料，而且改正
了原有的通假說，直證「拔」就是「回轉」的意思。這條考釋我已見
到幾位學者引用，但可惜徵引者所引為1960年的舊版，根本不曾注意
到現當代的學術著作也有一個必須講究的版本問題。既然雲從先生已
經改變舊說，我們在引用他的見解時就應採用他修訂後的說法，或者
在引用舊版時註明是哪一版。從這一例的修訂，我們可以看到雲從先
生孜孜以求、精益求精的精品意識。

那麼，要怎樣才能做到「有所發明」、「文章不着一字空」呢？雲
從先生常常告誡我們「要慢慢來」，不可浮躁。這也就是我們常聽說的
「板凳甘坐十年冷」的功夫，持之以恒，學好看家本領。大學者都具有
「豐入而嗇出」的治學特點，他們讀的書總比常人多，思考問題總比常
人深，而寫出的文字卻往往比常人少。以少少許勝多多許，這就是精
品，就是「大淳」。雲從先生在《敦煌變文字義通釋》的《序目》中提
出：「研究古代語言，我以為應從縱橫兩方面做起。所謂橫的方面是研
究一代的語言，如元的語言全貌。所謂縱的方面，就是聯繫起各個時

代的語言來看它們的繼承、發展和異同，《詩詞曲語辭匯釋》就是這樣做的。入手不妨而且也只能從一小部分一小部分做起，但到後來總不能為這一小部分所限制；無論是縱的和橫的，都應該有較廣泛的綜合。就綜合來說，《詩詞曲語辭匯釋》在縱的方面算是有了展延，但在橫的方面範圍仍是狹窄的。例如唐代的材料，作者只採用了詩詞和少量的變文，而於小說、筆記和大量的變文等都沒有採集。這一則是體例所限，一則是所見材料還不足，不能過於吹求，但不能不算是憾事。」這種大處著眼、小處著手的「慢慢來」的治學路子，雖因「時效不快」而往往為年輕人所不樂聞，但這却是正道，是必定能抵達目的地的康莊大道。誰不想一步登天、直搗黃龍，但誰又能赤手搏空而得真果、不憑篙棹而達彼岸呢？「水之積也不厚，其負大舟也無力」，莊子早已鑿破此竅。眼下時常聽說某些青年學者在構築某某學的宏觀理論，非不敬佩，只怕空話多而實味寡，產不出好果子。理論研究固然很重要，而且以往確實做得不夠，但理論研究必須在微觀研究的基礎上才能做得紮實，才能得出可靠的結論。宏觀理論研究與微觀個體研究不管有多大的差別，如果不能有所發明，樹立自己的獨到見解，那麼這種研究是毫無價值的，是徒勞的。現在談理論的著作非常多，但精品不多，往往讀後有似曾相識的感覺，因此理論著作也要有「精品意識」才行。

　　雲從先生認為研究漢語詞彙應做到「解疑、通文、證俗、探源」四個方面，這樣才算比較完全。所謂「解疑」，就是解除文獻中字、詞、句等不易理解的問題，解除讀者易生的疑惑；「通文」就是所謂考釋的詞義不僅在某一條文獻中講得通，而且要在所有相同、相似例句中都講得通，能「舉一隅而反三隅」，「放之四海而皆準」；「證俗」就是能在社會生活中得到證實，表明某個詞語確實存在；「探源」則是對

所考詞語能溯其源流，搞清其相承轉變之沿革。尤其是「通文」和「探源」，可以說是語詞研究的高級階段，研究者必須具備廣博深厚的學識方能做到，否則極易誤入歧途。這種「高難度動作」要能做得好，自非窮研博學、苦練三冬不可。例如《敦煌變文字義通釋》1988 年修訂本「委　知委　委知」條，作者釋義非常簡潔明確：「知道。」而得出這個釋義卻並非易事，作者先列舉了《秋胡變文》的例句：「暫請娘子片時在於懷抱，未委娘子賜許以不？」又舉《歡喜國王緣》、《維摩詰經講經文》、《舜子變》、《伍子胥變文》中的多條例句來說明「委」、「委知」、「知委」等詞語的確實存在，這就是所謂「證俗」；在徵引《秋胡變文》「今蒙娘教，聽從遊學，未季娘子賜許已不」的例句中，隨文指出「這個『季』字是『委』字之誤」，這就是所謂「解疑」；然後廣泛搜尋《晉書》、《魏書》、《隋書》、《法苑珠林》、《冥報記》、《保真齋法書贊》、《左傳》孔穎達疏、《唐律疏議》、《舊五代史》、《唐高僧傳》、《太平廣記》所引《廣異記》、《資治通鑒》、歐陽修和范祖禹、蘇軾、黃庭堅、楊萬里等詩文中的例句，用「委」有「知道」義的解釋去逐一驗證，使得這許多例句都得到正確順適的通解，這就是所謂「通文」；最後作者還列舉江淹的《水上神女賦》：「退以為妙聲無形，奇色無質，麗於嬪嬙，精於琴瑟，尋漢女而空佩，觀清角而無匹，嬪楊不足聞知，夒牙焉能委悉。」指出「這是『委』作知解較早的用例」，這就是所謂「探源」。我們如果通讀一下雲從先生的《敦煌變文字義通釋》、《義府續貂》、《懷任齋文集》中的許多條目，都可以發現其考證在解疑、通文、證俗、探源等方面所下的工夫是非常深的。

　　雲從先生研究的範圍，除了漢語史，還旁及辭書編纂、古籍校勘方面，大抵以「訓詁」為根柢，而訓詁學的原則是「逢山開路，遇水架橋」，因而凡是古籍中不易讀通、讀懂的地方，先生總是力圖搞個水

落石出，這樣也就形成了多種研究的有機結合。人們談治學總是要談到「精專」與「廣博」的關係，怎樣才能做到既精又博，這是非常有講究而值得探討的。以雲從先生的治學道路來看，大處著眼，小處入手，從一點上突破而漸漸旁及相關學問，則不失為一種值得學習的有效方法。因為現在學科越分越細，而我們青年一輩都是經過現行教育體制培養出來的，雖然古今中外的知識或多或少了解一些，但所得都是皮毛，都是人人皆知的、前人的「唾餘」，僅憑藉這些知識做學問是很不夠的。這與古人的獨專文史、「五四」時期學者的古今中外博通都無法相比，我們也無法模仿他們，因此從實際出發，尋找突破口進行突破，然後逐漸擴大研究領域，可以達到穩定前進的效果。當然，有識之士已經指出現行教育體制中的一些缺陷，正在試圖培養文史哲融通、古今中外兼擅的新型學子，不過這種方法對我們已經走出學堂的年輕人來說恰似遠水解不了近渴一樣，等不得了。

雲從先生已帶了十幾位漢語史專業的博士研究生，如今還在諄諄教誨弟子，並且手不輟筆，只知耕耘，不管收穫。前些日子，我曾到先生的「窮窠」──懷任齋，先生告訴我：《敦煌文獻語言詞典》（雲從先生主編，杭州大學出版社）、《蔣禮鴻語言文字學論叢》（浙江古籍出版社）都快出版了，《敦煌變文字義通釋》已接到再版修訂的通知。問先生有何新稿，先生捧出兩部書稿：《史記校詁》、《類篇考索》，然後說：「這兩部稿子目前還沒有人願意出版。」我知道這是兩部專著稿，雖是精品，但目前越是精的，就越難有人問津。

幾天後，陪中華書局的一位先生去見雲從師，其中一部書稿被帶走。我想，精品終歸是精品，遲早會有識貨人，哪怕明知出了要虧錢。

（原載《文史知識》1994 年第 10 期）

徐復先生對俗語詞研究的貢獻

　　徐復先生與業師蔣禮鴻先生都很重視俗語詞的研究，對俗語詞的理論、考釋和研究人才的培養都作出了巨大的貢獻。今因拜讀《徐復語言文字學叢稿》，得以窺見徐先生學問之大要；復因弟子專攻俗語詞一路，對徐先生俗語詞研究諸作最感興趣，故欲略陳鄙見，就徐先生在俗語詞研究方面之貢獻作一述評。

　　一、徐先生對俗語詞研究理論的建樹有重大貢獻。例如「俗語詞」這個名稱，就是徐先生較早提出來的（前面是否還有，待細考），在《敦煌變文詞語研究》這篇名文中考及「阿磨」一詞時，徐先生說：「通過《燕子賦》的用例，這個俗語詞的意義就非常明確了。」這篇文章刊於 1961 年，時間是很早的。徐先生又在《評〈敦煌變文字義通釋〉（增訂本）》一文中七次使用「俗語詞」的名稱，這個名稱和後來業師郭在貽先生在論文標題上及《訓詁學》一書俗語詞研究專章中所使用的在內涵、外延上都完全吻合。徐先生還反覆闡述「俗語言」、「俗語音」、「俗字」的一些見解，同樣對後來的古代口語研究有所啟迪和指導。徐

先生還對俗語詞的考釋方法有過許多精闢的見解，如評《通釋》一文對《通釋》在比較歸納、破假借、校錯字、通文等四方面加以理論概括，並且提出了五點見解：（一）詞義解釋應找出根據，這樣既能說明語言實況，也可避免過多的考證；（二）最好能根據詞義作全面的考核；（三）運用聲音通假，要確鑿可據；（四）俗語言的同音替代字和專造字，應分別說明，以求確切；（五）解釋詞義和推求語源要有明確的界限。又如在《讀〈義府續貂〉識語》一文中，徐先生提出了俗語詞研究應注意的四個問題：（一）研討詞義，須明時代特性；（二）求解通假字，須掌握聲音規律；（三）字書、韻書中之僻字僻詞，需求得貼切用例；（四）校勘古書，須審慎有據。這四點雖可通用於各種詞語考釋，但對俗語詞的考釋尤為重要。徐先生對俗語詞的研究，當然仍以《敦煌變文詞語研究》為最為傑出。這篇論文在理論上確立了俗語詞研究的性質、意義和地位，通過對單音詞、複音詞、聯綿詞的分類考釋以及許多詞語的具體考釋，給我們在研究方向和方法上帶來很多的啟迪。

二、徐先生在俗語詞的考釋上有巨大貢獻。徐先生在《敦煌變文詞語研究》一文中考釋了 69 個俗語詞，這些俗語詞的考釋難度都很高，如「剔禿」、「諸問」、「咋呀」、「怒那」等皆是，而徐先生條辯縷析，把它們的語源考得非常清楚。又如《評〈敦煌變文字義通釋〉》一文，也附帶考了一些《通釋》「待質錄」中的難詞，都頗具卓見。此外《歹字源出藏文說》、《變音疊韻詞纂例》、《方言溯源》、《漢書》、《新語》、《鹽鐵論》、《文選》、《文心雕龍》、《詩品》、《史通》、韓愈詩、《孔雀東南飛》等古詩文的校釋專篇中也大量包含俗語詞的考釋。

三、徐先生在培養俗語詞研究人才方面有巨大貢獻。徐先生治學態度謹嚴，考釋俗語詞注重發明，不掠人之美，這些方面對後學有深

遠的影響（此與業師蔣禮鴻、郭在貽先生完全一致），因而培養出來的人才都非常嚴謹而有創見。例如徐先生所培養的吳金華先生，在《三國志》、《世說新語》等中古文獻俗語詞考釋上即取得了巨大成功，觀其《〈三國志〉校詁》一書，凡古人、今人有說者皆於書中予以揭示，然後下己意辯駁、補充之，使讀者了然於胸。這與有些學者把別人的研究成果不加說明地「拿來」的學風形成了鮮明對照。

　　以上粗略地評述了徐復先生在俗語詞研究方面的巨大貢獻，有的方面，在徐先生的著作中還未必能明顯看出，但却是很值一提的。例如 1986 年在富陽開訓詁學討論會時，我向徐先生請教俗語詞研究的問題時（當時我正在作王梵志詩的考釋研究），徐先生即開導我研究俗語詞要上推到漢魏六朝，以前人們只重視唐宋元明清，而實際上許多俗語詞早就出現了，只有上溯到漢魏六朝才能把問題解決得徹底些。雖然徐先生對我說的話不多，但對我的整個研究方向、方法都有深刻影響，我現在兼搞漢魏六朝和唐五代宋初的俗語詞研究就是在徐先生的影響下形成的。當然，我這還是個起步，但我深信只要沿著業師蔣禮鴻、郭在貽先生和徐先生指點的方向前進，總是會有收穫的。

（1991 年 5 月寫於徐先生執教六十週年之際）

板凳甘坐十年冷文章不著一字空
—— 郭在貽先生評傳

　　郭在貽先生是我的恩師，是他一手提攜我走上學術研究的道路。
然而，郭師去世九年半了，我却一直沒能為他寫一篇評傳，心中實在
愧疚。這或許是由於我手弱，怕寫不好；或許是由於悲痛太過，不堪
回首，下意識就不願提筆。或許還有其他原因。可是，每當深夜夢
醒，想到郭師臨終前，我拿著袖珍答錄機請郭師留言，郭師就是一句
話都不説，我總是有一種説不出的難過心情。這不説話的原因，我現
在終於明白了幾分：這是對人生的眷戀，對生活的熱愛，對未竟事業
的遺憾，對命運不公的憤怒……這一天是郭師五十週歲生日的前一
天，親友、弟子們正在準備鮮花和蛋糕，誰料郭師就在這五十週歲差
一天的時候不幸被病魔奪走了生命！我作為最後守在郭師身旁的弟
子，眼睜睜看着郭師去世而不能以身自代，悲痛之極，實難訴説。郭
師的英年早逝，對學術界和教育界來說是個巨大的損失，當時聞者莫
不震驚。

　　郭在貽先生是我國當代有傑出貢獻的中年語言學家、敦煌學家、楚辭學家，生前為九三學社社員、浙江省第六屆政協委員、杭州大學中文系（兼古籍所）教授、系務委員、漢語史專業博士生導師、中國語言學會理事、中國敦煌吐魯番學會理事及語言文學分會副會長、浙江省語言學會副會長、《辭海》編委兼分科主編等，因患肝癌，經多方全力搶救，醫治無效，不幸於 1989 年 1 月 10 日 13 時 10 分逝世，終年五十歲。

　　郭在貽先生於 1939 年 1 月 11 日誕生於山東省鄒平縣碑樓村的一個農民家庭，自幼喪父，家境貧寒，全靠哥哥的資助才唸完了小學和中學。由於他聰穎過人，又極其刻苦勤奮，郭在貽先生於 1957 年順利地考上了杭州大學，攻讀中文系的中國語言文學專業。郭在貽先生曾在《回顧我的讀書生活》一文中回憶說，四年的大學生活中，他在班上是一個醜小鴨式的人物。因為他年紀小，膽子也小，說話靦腆，開會從不發言，集體活動也不喜歡參加，理所當然被目為落後分子，人皆以白眼視之。郭先生說，回顧這四年的大學生活，實在沒有什麼可誇耀的，但有一件事值得一提，就是畢業時他的學習成績居全班第一，也因此，他僥倖地被留校了。因為當時留人，首先要留年級幹部和班幹部，其次要留所謂「積極分子」，他的被留，實出意外。不過由此我們也可以感覺到，郭在貽先生在年輕時的內向性格，形成了他敏學深思、獨富卓見的特點，決不隨波逐流、附炎趨勢。至於他的被留校，雖說有些偶然，但也決非毫無道理：當時夏承燾、姜亮夫、胡士瑩、王煥鑣、任銘善、蔣禮鴻等先生，都是著名學者，他們的意見在當時也一定起到了某種程度的作用，他們一定是會推薦像郭在貽先生這樣的學術苗子留校的。

　　郭在貽先生留校在中文系以後，當時正遇到組織上要給姜亮夫先

生配備助手，系裏派了四個人到姜亮夫先生家裏接受面試，結果選中了郭在貽先生。這次當然是姜先生慧眼識英才的結果，決無半點偶然性了。從此，郭在貽先生便留在杭大語言文學研究室工作，直到「文革」時期該研究室被「砸爛」後才轉到中文系從事教學工作。就在這個時候，郭在貽先生開始了他真正的讀書生活。那時的研究室就相當於現在的研究所，條件很不錯，導師有夏承燾、姜亮夫、胡士瑩、王煥鑣等先生，現在看來都是一代宗師了。研究室每年有 8000 元人民幣的購書費，圖書插架，琳瑯滿目。郭在貽先生為了看書方便，有一段時間曾藉口神經衰弱、不堪集體宿舍的吵鬧，搬到了資料室裏來住，因此得以廣泛地閱讀資料室的大量藏書。郭在貽先生在夜闌人靜之時，一卷在手，青燈獨對，覺得人生的樂趣，蓋無過於此了。那時郭在貽先生年方二十二三歲，精力旺盛，常常看書看得錯過了吃飯時間，趕到食堂時，食堂已經關門，就到路邊小攤上買一隻甜瓜充饑。每天夜晚，是他最好的讀書學習時間。吃過晚飯，他先練一個小時的毛筆書法，然後讀書。郭在貽先生書法出眾，清俊秀逸，有晉人王羲之的風格。郭先生練過多種法帖，用力較多的則是《聖教序》。他生前與書法界過往頗密，並擔任杭大教工書畫社的顧問。郭先生練過字後，就開始認真讀書，不到夜裏十二時甚至凌晨一二時是不會就寢的。年年月月，樂此不疲，這樣的讀書生活一共持續了四年，直到 1965 年「四清」運動開始，才告一段落。郭在貽先生根據自己的專業方向，讀書的重點是語言文字學方面的著作。他把清代訓詁大師段玉裁的名著《說文解字注》從頭到尾讀過四遍：先是用硃筆點讀一遍，然後回過來一邊讀一邊貼滿密密麻麻的浮箋，再根據某些側重點來回細讀，以致於整部書打開看時簡直是「丹黃爛然」。郭在貽先生這時期讀的書並不是那麼單一，除了有重點地讀了像《說文解字注》這樣的

書，也廣泛閱讀歷史、哲學、文學類的書和其他雜書，如饑似渴，勇猛精進。《叢書集成》中所收的筆記小說之類，郭先生大部分都認真閱讀過。在研讀《說文解字注》的同時，郭先生還閱讀了不少清人的文集筆記，諸如《日知錄》、《潛邱札記》、《十駕齋養新錄》、《癸巳存稿》、《陔餘叢考》、《札樸》、《越縵堂讀書記》、《讀書脞錄》、《純常子枝語》、《東塾讀書記》等，皆是。郭在貽先生尤其喜歡讀中國古典詩詞和中外長篇小說。歷代詩人詞家中，他最喜歡的是晉代的陶淵明，唐代的李商隱、三羅（羅隱、羅鄴、羅虯），南唐的李煜，清代的黃仲則、舒位、龔自珍、納蘭性德，以及近現代的蘇曼殊、郁達夫等。李商隱的《無題詩》、黃仲則的《綺懷詩》、龔自珍的《己亥雜詩》，他都能背誦出許多。中國古典小說《紅樓夢》、《儒林外史》等，郭先生都反覆讀過數遍，並且詳細做過卡片，書上寫滿批語。外國小說如巴爾扎克的《高老頭》、雨果的《悲慘世界》、狄更斯的《大衛·科伯菲爾》等都曾使他著迷。托爾斯泰的《戰爭與和平》，他用了一週時間就把它讀完並做出數百張的讀書卡片；最使他感動的外國小說是托爾斯泰的《復活》、陀思托耶夫斯基的《被侮辱與被損害的》，這兩部名著曾極大地震撼了他的心靈，使他久久不能忘懷。這一時期的讀書生活，時間雖然很短，但效果奇佳，郭在貽先生憑著一股猛烈的沖勁，掃蕩了一大片古今中外的圖書精品，為日後的學術研究打下了寬廣而堅實的基礎。郭在貽先生後來總結自己讀書和做學問的經驗時說，「讀書要博，研究要精」，這對我們有著重要的指導意義。郭先生認為，讀書的面不妨寬一些，古今中外文史哲的書都要涉獵一些，這對提高一個人的文化素質大有好處。外國小說對訓詁研究雖然幫不了什麼忙，但是作為人類的一筆巨大精神財富，不管你是搞哪一行的，都應該有所知曉，否則你難免成為一個淺陋局隘和枯燥乏味的人。然

而，談到做學問，郭在貽先生又認為必須專精，切忌博雜。他引用漢代揚雄《法言・問神篇》「人病以多知為雜」的話，認為「雜」確實是一種毛病，東一榔頭西一棒，很難搞出什麼名堂來。我們的前輩學者中確實有一些「通儒」，他們在眾多的學術領域中都取得了卓越成就，但那些都是「超級天才」，而且得之於時代之賜，如果他們在中青年時代也要處在無休止的政治運動中的話，恐怕也就做不出那樣大的學問了。我們的才氣、學力、基礎和條件都不足以支持我們像他們那樣去做，所以我們寧可現實一些，在自己這塊小小的領域內精耕細作，以期得到較好的收成。

郭在貽先生不僅勤奮好學，忘我讀書，而且十分熱愛生活。他覺得生活中充滿了詩情畫意。當他讀書偶爾有些困倦的時候，他就會快速登上因晉代著名道家葛洪而得名的葛嶺，眺望西湖迷人的美景；或跑步十幾分鐘，來到一山之隔的西子湖畔，獨自一人踽踽而行，或靠在長椅上，對著面前的湖光山色出神。他熱愛大自然，欣賞自然美，彷彿秀麗的西子湖就是心目中的戀人，無論是她那「柳垂金線、桃吐丹霞」的春景，還是她那「丹桂飄香、紫薇爭豔」的秋色，都深深地使他陶醉。他一面沉浸在美麗的景色之中，一面在心頭就會湧起黃仲則的詩句：

遠山如夢霧如癡，湖面風來灑面吹。
不見故人聞舊曲，水西樓下立多時。

可惜好景不長，這種寧靜而饒有詩意的讀書生活，到了 1965 年便中斷了。先是「四清」，接著是「文革」，一場又一場的政治風暴席捲著中國大地，沒有哪一個角落能安得下一張平靜的書桌。郭在貽先生陷入

了苦悶和茫然之中，跟著那些一同下鄉搞「四清」的同事學會了吸菸。這一件事是在 1987 年的某天我才知道的。郭在貽先生要我每週至少去見他兩次，談論訓詁學和敦煌學，可那天談得正興奮的時候，郭先生忽然問我有沒有帶香菸，我很驚訝，就問他不會吸菸要菸幹什麼，郭先生笑著回答說，他會吸菸，是在「四清」時下鄉學的。由此可見當時他的心情。然而，郭在貽先生很快便成了「逍遙派」，正是在那「與人鬥，其樂無窮」的十年動亂中，他開始了讀書生活的一個新階段，由博覽群書打基礎而轉為專門性的研究。郭在貽先生從此開始研究《楚辭》。歷史上有許多名人、學者都是當國運失正、內心苦悶的時候才開始研讀《楚辭》的，因為屈原的那種懷瑾握瑜、報國無門的心情能引起一切愛國者的共鳴。郭在貽先生於是把杭州大學和浙江圖書館所藏的《楚辭》類書籍都設法借了出來一一研讀，他發現《楚辭》中還有許多訓詁問題前人沒有解決，便一一記在心裏，運用在語言文學研究室學得的一些文字音韻訓詁知識，再查考各種文獻資料，試圖解決那些問題。當時郭先生研讀《楚辭》非常投入，簡直到了忘我遺世的程度。一次，郭先生去肉店買肉，由於那時貨少人多，必須排長隊，所以郭先生就帶著一本《楚辭》，一邊排隊一邊看書。看書看得入神了，不知不覺許多時間過去了，猛一抬頭，肉店已經關門，長長的隊伍也不見了，只有郭先生一人捧著書還呆呆地站在原地不動。這件事後來一直成為同事們的笑談。有時候，郭在貽先生夜裏忽然想起一個問題，便立即起床查書，直到查明為止，覺當然就睡不成了。就這樣，郭在貽先生在「文革」的十年中對《楚辭》的訓詁問題著實作了一番深入的研究，陸續寫成《楚辭解詁》一文。這篇文章的撰寫，參考的書有近百種，修改了七次，可以說是郭在貽先生進入學術研究用力最勤的精心之作，後來分別發表在一級大型學術刊物《文史》第 6 期

（1979 年）、第 14 期（1982 年）上。該文與後來寫的《唐代白話詩釋詞》，曾在 1984 年榮獲中國社會科學院首屆青年語言學家獎金二等獎（當年不設一等獎）。當郭在貽先生得知獲獎消息的時候，他腦中浮現出了曹雪芹那兩句自道甘苦的詩：「字字看來皆是血，十年辛苦不尋常。」這個借用實在是再貼切不過了。在那大多數人忙於派系鬥爭或無所事事的十年中，真是沒有幾個人能「兩耳不聞窗外事，一心唯讀聖賢書」的，而郭在貽先生就是這少數幾個人之一。

　　歷史的發展充滿了戲劇性，經過了九十九道彎，它的主流又回到正道上來了。1976 年，「四人幫」被一舉粉碎，雲霧散而青天見，郭在貽先生與大多數知識分子一樣，得以理直氣壯、正兒八經地從事學術研究了。此時的郭在貽先生的心裏猶如壓抑千年的火山突然噴發，他十多年來苦讀精研、蓄積已久的學問終於也一下子沖頂而出，勢如洪流，一發而不可收。而且郭在貽先生不像一般的人那樣，發表幾篇文章之後便傾盡見底，後續無文；郭先生總是不斷拓寬研究領域，溫故知新，豐入嗇出，所以文思如流，汩汩然未有窮盡之日。這就是所謂「後勁」足，能作「可持性發展」，進入了良性循環。在訓詁大師蔣禮鴻先生的影響薰陶下，郭在貽先生由傳統訓詁學的研究而跨入漢語俗語詞研究的新領域，大量研讀起歷代筆記小說、詩詞曲、禪宗語錄、敦煌文書之類來。既有傳統訓詁學的深厚功底，又有開闢新天地的勇氣和毅力，郭在貽先生很快在俗語詞研究方面取得了突破性成就。在 1978 年至 1984 年這個階段，郭在貽先生的創作精力似乎特別旺盛，總共寫了 60 多篇論文，其中一部分結集為《訓詁叢稿》一書，其他的後來收在《郭在貽語言文學論稿》中。1987 年起，郭在貽先生帶領學生張湧泉、黃征，合作完成了《敦煌變文集校議》一書；他的敦煌學單篇論文則編為《郭在貽敦煌學論集》。

　　郭在貽先生的學術成就主要體現在訓詁學研究以及訓詁學與楚辭學、敦煌學、辭書學、文學的結合研究上。下面試作分類評述。

一、郭在貽先生的傳統訓詁學研究

　　郭在貽先生在訓詁學上的研究可分為兩個時期和兩個方面，即早期的傳統訓詁學研究和晚期的漢語俗語詞研究。郭在貽先生早期的傳統訓詁學研究始於 1961 年，以後雖然一直沒有中斷，但 1976 年以後在蔣禮鴻先生的影響和薰陶下，跨入漢語俗語詞研究的新領域，因此研究重心已經轉移。郭先生於 1963 年在《孫詒讓研究》上與人合作發表了《籀廎碎金》一文，輯録了孫詒讓訓詁學方面的零星研究成果。該文是目前所知郭在貽先生發表的最早的學術性文章。稍後，郭先生又與人合作發表《詞義短札》（《語文進修》1964 年第 1 期）一文，則是在傳統訓詁學研究方面小試牛刀。郭先生大量發表本類成果是在 1976 年以後，主要有：

　　（一）《訓詁五講》與《説文段注》五論

　　這些是郭在貽先生在訓詁學理論方面的重要貢獻，見識精到，超越前賢。《訓詁五講》未曾單獨發表，收在他的第一部專著《訓詁叢稿》中，闡發了這樣的觀點：對舊注和舊的字書、詞書應取一分為二的態度，既不要一概抹煞，也不要盲目信從；要充分利用清代學者及近代學者的研究成果；不要以為上了書的就一定是對的；要考求字、詞的古義，不要為其今義和常義所惑；要考求本字本義，不要為借字借義所惑；要懂得古書顛倒、錯綜、疊用等異例；要避免望文生訓、增字解經、以今例古等訓詁學上的弊病。充分反映了郭先生既重訓詁實踐又重訓詁理論的特點。在此基礎上，郭先生還陸續發表了《訓詁學與古籍整理》、《訓詁學與辭書編纂》、《訓詁的方法》、《訓詁源流述略》、《學習訓詁的態度和方法》、《訓詁學的基本觀點》等一系列重要論文，

形成了色彩鮮明的郭氏訓詁學理論。這種理論後來郭先生在專著《訓詁學》一書中作了更加系統的闡述。《說文段注》五論則是郭在貽先生對清代學者段玉裁《說文解字注》一書的五篇專題論文。郭先生從任姜亮夫先生助手起就反覆研讀《說文解字注》，對這位《說文》研究四大家之首的段玉裁的文字、音韻、訓詁學造詣極為欽敬，尤其對他的重創造、重證據的學風，更是深受影響。郭先生指出，前人還很少有用現代語言學觀點對段書進行全面、系統地整理與論述；段氏治《說文》的特色及其卓越成就，不僅在於他「究其微旨，通其大例」，對許書作了細密全面的校勘整理，更在於他通過對許書的註釋，提出並解決了一系列有關漢語音韻學、文字學、詞彙學、訓詁學的重大問題，初步運用歷史發展的觀點和一些科學的方法來研究語言現象，從純粹校訂、考證的舊框子中解放出來，在某種意義上說走上了科學語言學的軌道。因此，全面系統地總結段氏關於詞彙學的理論與實踐，批判地繼承這筆傳統語言學中的寶貴遺產，應當成為我國漢語史和漢語詞彙研究中的一個重要課題。

（二）一些詞語考釋論文

郭在貽先生發表了《〈楚辭〉解詁》、《〈漢書〉札記》、《〈論衡〉札記》、《古漢語詞義札記》、《評趙紀彬「五惡」疏證》、《訓詁札記》等重要考釋性論文，往往創見疊出，勝義紛綸，是他多年潛心研究的結晶。

二、郭在貽先生的漢語俗語詞研究

郭在貽先生以其極其深厚的傳統訓詁學功底轉而研究漢語俗語詞，可以說是「以大雅治大俗」，猶如庖丁解牛，遊刃有餘。郭先生在他的《訓詁學》一書中首先開闢《訓詁學的新領域——漢魏六朝以來的方俗語詞研究》專章，把俗語詞研究從個別詞語考釋提高到理論的

總結上來。郭先生指出，訓詁學作為一種古代文獻語言學，應該也必須衝破為經學服務的樊籬，擴大研究範圍，開闢新的領域。這個新領域，主要指的是漢魏六朝以來的方俗語詞研究，因為漢魏以後的文言語詞已經沒有多少發展變化，而俗語詞則出現了許多新的情況，而這又為傳統訓詁學所不甚措意。因此，我們今天研究訓詁學必須對方俗語詞予以充分的重視。郭先生在書中論述了俗語詞研究的意義、它的歷史與現狀、它的材料與方法、它未來的展望，給我們的進一步研究提供了理論指導。郭先生的理論不是臆想而來的，而是建立在精湛卓越的詞語考釋成果基礎之上的。郭先生發表過《六朝俗語詞雜釋》、《唐代俗語詞雜釋》、《杜詩札記》、《〈遊仙窟〉釋詞》、《〈太平廣記〉詞語考釋》、《魏晉南北朝史書語詞瑣記》、《〈世說新語〉詞語考釋》、《敦煌變文釋詞》、《王梵志詩校釋拾補》等重要論文，對新訓詁學作出了傑出的貢獻。

三、郭在貽先生的楚辭學研究

郭在貽先生除了撰有《楚辭解詁》正、續篇外，還有《放流就是放浪嗎》、《從馬王堆一號漢墓漆棺畫談到〈楚辭・招魂〉的土伯九約》、《楚辭要籍解題》、《近七十年來的楚辭研究》、《論屈原》等文，還參與了《屈原辭典》的主編。《楚辭》問世以來，注家紛出，但有些問題却一直無人能解決。例如《招魂》篇中「土伯九約」句，「土伯」后土之侯伯，「九約」有的説是「九屈」，有的説是「九尾」，還有的説是「九角」，等等，但郭先生從馬王堆一號漢墓漆棺畫上土伯的形象發現，土伯並非九屈或九尾、九角的樣子，所以「九約」應另求的解。郭先生通過文例比勘，得知「九約」義同「九關」；又通過破假借，得出結論「約」通「鑰」，而「關」與「鑰」在古漢語中乃常見同義詞。其他如《大招》中「長袖拂面」的「拂面」破讀為「蔽面」，《九章》

中「超回志度」的「志度」解為「跰躪」，皆可稱為神解。

四、郭在貽先生的敦煌學研究

郭在貽先生敦煌學研究的主要成果都收在他的專集《郭在貽敦煌學論文集》中，共 16 篇，分別就敦煌變文、王梵志詩中的俗字、俗語詞進行考辨，其中《唐代白話詩釋詞》考釋了十個王梵志詩中的疑難詞語，獲首屆青年語言學家獎。此外，郭先生帶領學生張湧泉、黃征承擔國家課題「敦煌學三書」的合著，宣導敦煌寫本原卷的核校考訂，生前完成《敦煌變文集校議》一書的合作，獲得王力語言學獎，對敦煌語言文學的研究有著重大影響。

五、郭在貽先生的辭書學研究

郭在貽先生曾擔任中國大百科全書中國文學先秦文學卷編寫組成員、《辭海》編委兼分科主編等，有著豐富的辭書編纂經驗。郭先生寫有《〈辭海・語詞分冊〉義項漏略舉例》、《訓詁學與辭書編纂》、《談郝懿行的〈爾雅義疏〉》等文，並在《訓詁學》一書中敘述訓詁學意義時單列《指導辭書編纂》一節。

六、郭在貽先生的文學研究

郭在貽先生的文學研究，主要寫有《試論李賀詩的語言藝術》、《讀詩識小錄》、《書海片鱗錄》等，茲不詳述。

郭在貽先生治學，十分注重態度與方法，甘於寂寞，不鶩聲華，常以前賢「板凳甘坐十年冷，文章不寫一字空」自勵，也常以極佳的書法寫下來贈送同事與研究生，認為一個人的學問精粗、大小與其品格、治學態度總是一致的，一個偷懶怕苦、浮躁貪利的人不可能做出精湛的學問。郭先生做學問特別強調「有所發明」，「不掠人之美」，凡所著述皆出於己，言傳身教，給我們作出了永不磨滅的榜樣。他生前被國家授予「有突出貢獻的中青年專家」，乃是真正的實至名歸。

郭在貽先生論著要目：

郭在貽文集　中華書局 2002 年出版

訓詁叢稿　上海古籍出版社 1985 年出版

訓詁學　湖南人民出版社 1986 年出版

敦煌變文集校議　與張湧泉、黃征合著，湖南嶽麓書社 1990 年出版

郭在貽語言文學論稿　浙江古籍出版社 1992 年出版

郭在貽敦煌學論集　江西人民出版社 1993 年出版

楚辭解詁　《文史》1979 年第 6 輯

古漢語詞義札記　《中國語文》1979 年第 2 期

《太平廣記》裏的俗語詞考釋　《中國語文》1980 年第 1 期

釋勿勿、無賴　《中國語文》1981 年第 1 期

釋「努力」　《中國語文》1980 年第 1 期

楚辭解詁續　《文史》1982 年第 14 輯

敦煌變文校勘拾遺　《中國語文》1983 年第 2 期

唐代白話詩釋詞　《中國語文》1983 年第 6 期

唐詩與俗語詞　《文史》1985 年第 25 輯

王梵志詩校釋拾補　《中國語文》1987 年第 1 期

後 記

　　業師郭在貽先生 1989 年因病逝世，逝世前一日弟子們準備了蛋糕，要在第二日為他慶祝五十歲誕辰。沒有想到就差一日，竟成永別。我是郭師臨終前唯一守在病榻前者，因為是夜裏輪值，別的師兄弟都不在。郭師臨終前沒有任何遺言，但是此前為我們寫下了遺囑。對於這段傷心往事，我一直不大願意說。郭師在發病前半年，就說他活不過五十歲。他是親口對我說的，而且是先後兩次。我當時很不以為然，還以為他是拿訓詁學家黃侃自比。沒有想到事情真會如此，而且就差一天滿五十。

　　雖然郭門弟子很多，不過郭師最後兩年裏真正接觸非常多的也就我與張湧泉師兄，因為我們三人組成了一個合作撰著「敦煌學三書」的課題組。

　　郭師在最後這兩年裏，頻繁約我們去見他。我怕影響先生休息，有一次一個多星期沒有去，郭師見後就問我為何那麼久不去見他，說他有事要跟我談。後來每次去，郭師都單獨跟我談治學，一談就是兩

三小時。他説：「我這叫『金針度人』。人們一般是不肯『金針度人』的。我現在跟你談的，都是我的金針。」我當時覺得郭先生怎麼忽然説這樣話，很像禪宗的傳授衣鉢似的，可是也沒有想到他已經預感到自己可能不久於人世了。他一次告訴我痰中有血絲，我却安慰他可能是咽喉炎。現在回想這些事情都特別難過。

如今眼看我自己也奔六十了，雖然沒有預感到邁不過這個坎，但是心情確實也比較複雜。不過更多的回憶，還是留到以後再説吧。

《板凳甘坐十年冷　文章不着一字空》這篇文章，是為紀念郭師而寫的，黑龍江人民出版社的一位副總編輯信誓旦旦地跟我簽署了合同（此前我發單篇文章還從來沒有簽約過）。可是八年過去了，書出版了沒有，都從來不曾告訴過我，我寫信去問也是石沉大海。後來我就自己收入在我的論文集中了。文章的基本內容都是根據郭先生自己的述説寫的，沒有多少我個人的添油加醋。

搜狐博客開通後，我放的第一篇文章就是這一篇。可是我今天想打開修訂一下的時候，就是打不開，所以乾脆重新發佈一篇，而把那邊的刪除了。

標題中「文章不著一字空」，「着」字或書作「著」，大多數理解為「著作」之「著」，我認為並不一定對。司空圖《詩品》云：「不着一字，盡得風流。」「不着一字」的典故當出於此，而此屬「着」字，不能作「著作」之「著」讀。郭在貽先生曾寫此句為「文章不寫一字空」，「寫」、「着」意思相同，也並不能證明讀作「著（zhù）」。

江浙散人黃征

2015 年 11 月 15 日

地域文化研究叢書·敦煌文化研究叢刊　A0204014

敦煌語言文獻研究　下冊

作　者　黃　征

版權策畫　李煥芹

責任編輯　曾湘綾

發 行 人　林慶彰

總 經 理　梁錦興

總 編 輯　張晏瑞

編 輯 所　萬卷樓圖書股份有限公司

排　　版　菩薩蠻數位文化有限公司

印　　刷　百通科技股份有限公司

封面設計　菩薩蠻數位文化有限公司

出　　版　昌明文化有限公司

桃園市龜山區中原街 32 號

電話 (02)23216565

發　　行　萬卷樓圖書股份有限公司

臺北市羅斯福路二段 41 號 6 樓之 3

電話 (02)23216565

傳真 (02)23218698

電郵 SERVICE@WANJUAN.COM.TW

大陸經銷

廈門外圖臺灣書店有限公司

　　電郵 JKB188@188.COM

ISBN 978-986-496-485-7

2020 年 12 月初版二刷

2019 年 3 月初版

定價：新臺幣 360 元

如何購買本書：

1. 轉帳購書，請透過以下帳戶

　合作金庫銀行 古亭分行

　戶名：萬卷樓圖書股份有限公司

　帳號：0877717092596

2. 網路購書，請透過萬卷樓網站

　網址 WWW.WANJUAN.COM.TW

大量購書，請直接聯繫我們，將有專人為您

服務。客服：(02)23216565 分機 610

如有缺頁、破損或裝訂錯誤，請寄回更換

版權所有·翻印必究

Copyright©2020 by WanJuanLou Books CO., Ltd.

All Right Reserved　　　　Printed in Taiwan

國家圖書館出版品預行編目資料

敦煌語言文獻研究　下冊 / 黃征著.-- 初版.
-- 桃園市：昌明文化出版；臺北市：萬卷
樓發行, 2019.03

　冊；　　公分

ISBN 978-986-496-485-7(下冊 ：平裝)

1.敦煌學 2.語言學

797.9　　　　　　　　　　108003215